L'ALGÉRIE

In-8°. 3e Série.

CHEZ LE MÊME ÉDITEUR

VOLUMES IN-8º à 1 fr. 25 c.

Amicie, ou la Patience conduit au bonheur ; par Marie Emery.

Apôtre (l') **de la charité** ; vie de saint Vincent de Paul.

Armand Renty; par J. Aymard.

Bruno, ou la Victoire sur soi-même; par Mᵐᵉ de Gaulle.

Croisé (le) **de Tortona**; par C. Guénot.

Deux (les) **Amis**; par S. Bigot.

Devoir et Vertu, ou les Forges de Buzançais.

Dévouement (le) **d'une jeune fille**; par Mᵐᵉ Beaujard.

Emeraude (l') **de Berthe**; par Mᵐᵉ Ange Vigne.

Enfant (l') **de l'hospice**; par Marie de Bray.

Ermitage (l') **de Saint-Didier**; par H. Lebon.

Exemples (les) traçant le chemin de la vertu.

Ferme (la) **de Valcomble**, ou l'Apostolat du bon exemple.

Fernand Delcourt; par S. Bigot.

Fleurs printanières; par Maxime de Montrond.

Fourier de Mattaincourt (le Bˣ); par M. le comte de Lambel.

Frère (le) **et la Sœur**; par F. Villars.

Germaine Cousin (sainte); par M. de Montrond.

Ile (l') **des Naucléas**; par Mᵐᵉ Grandsard.

Jeanne d'Arc : récit d'un preux chevalier; par M. de Montrond.

Lequel des deux? par S. Bigot.

Mémoires d'une orpheline; par Marie Emery.

Mes Paillettes d'or; par Maxime de Montrond.

Nègres (les) **de la Louisiane**; par Marie Emery.

Récits héroïques, ou les Soldats martyrs; par Mᵐᵉ Drohojowska.

Récits historiques et dramatiques; par Marie Emery.

Récits tirés du Nouveau Testament; ornés de 16 vignettes.

Réné, ou la Véritable Source du bonheur; par J. Aymard.

Roi (le) **de Bourges**; par J. P. des Vaulx.

Trois (les) **Berthe**; par M. P. Jouhanneaud.

Une Maîtresse d'école; par Aymé Cécyl.

Voix (la) **de l'exil**; trad. de l'italien, revue par le card. Giraud.

☞ Envoi *franco* contre timbres-poste

VUE DE TLEMCEN

L'ALGÉRIE

PROMENADE

HISTORIQUE ET TOPOGRAPHIQUE

PAR LE Dr F. ANDRY

———❦———

LIBRAIRIE DE J. LEFORT

IMPRIMEUR, ÉDITEUR

LILLE   PARIS

rue Charles de Muyssart, 24   rue des Saints-Pères, 30

J'ai parcouru deux fois l'Algérie : la première fois,
en 1844, à cheval et à pied; la seconde fois, en
1865, en diligences et en chemin de fer. J'ai raconté
mon premier voyage en vers (*Un Touriste en Algérie*. Paris 1845); je vais raconter celui-ci en
prose. Autres temps, autres inspirations. Est-ce à
dire que l'Afrique française n'ait plus rien de pittoresque ou de poétique? Non, certes, et à tout
prendre, je ne serais pas éloigné de penser que,
pour un touriste, l'Algérie a plus gagné qu'elle n'a
perdu. Au reste, j'ai tâché de mettre à même quiconque lira ces nouvelles impressions de prononcer
à cet égard.

J'ajoute, et c'est un sentiment de reconnaissance tout personnel qui l'exige, que le voyageur actuel a désormais sur ses prédécesseurs un avantage qui en vaut bien d'autres : c'est de pouvoir, surtout et partout, être parfaitement instruit et dirigé par un excellent guide, l'Itinéraire de M. Piesse. Pour ma part, je remercie l'auteur des renseignements qu'il m'a donnés. Je ne me suis pas fait faute, pour quelques-unes de mes descriptions, d'aider ou de compléter mes souvenirs en puisant à cette source. M. Piesse, que je n'ai pas l'honneur de connaître personnellement, est assez riche de savoir pour me pardonner ce petit larcin.

L'ALGÉRIE

PROMENADE HISTORIQUE ET TOPOGRAPHIQUE

PREMIÈRE PARTIE

De Paris à Alger

I

En route pour Marseille. — Lyon. — Les Antiquaires. — Saint Irénée. — Fourvières. — Avignon. — Le château des Papes. — Marseille. — Saint Lazare. — Sainte Marthe et sainte Marie-Madeleine. — Notre-Dame de la Garde.

Pour quiconque, lassé par la vie parisienne, désire échanger à peu de frais ses agitations énervantes contre des émotions plus saines, le tracas des spéculations indus-trielles contre le charme des localités historiques, les brumes de notre ciel contre les splendeurs d'un ciel d'orient, aucune excursion ne saurait être mieux choisie qu'une excursion en Algérie.

Etes-vous artiste, dessinateur, la nature vous y offrira
les tableaux les plus pittoresques et les plus colorés ; avez-
vous l'âme belliqueuse, à chaque pas vous y rencontrerez
quelques glorieuses traces de nos exploits militaires ; êtes-
vous chasseur, Gérard et Bombonel n'y ont tué, tant
s'en faut, ni tous les lions de l'Atlas ni toutes les panthères
des environs d'Alger ; êtes-vous maladif, vous y sentirez
une température vivifiante ranimer vos forces alanguies et
redonner à vos organes une jeunesse toute nouvelle.

Partons donc pour cette brillante annexe de notre belle
France, que pour ma part je vais être si heureux de
revoir, et que la sainte Vierge, patronne des matelots,
nous ramène à bon port !

Et d'abord, allons-nous, rapides comme la vapeur, franchir tout d'une traite la distance qui nous sépare de Marseille ? Non : Lyon et Avignon sont, au point de vue religieux, deux villes trop intéressantes pour ne pas nous y
arrêter au moins quelques instants. Un mot donc sur
certains souvenirs que l'une et l'autre nous rappellent.

Lyon fut une des premières cités d'origine romaine
arrosées du sang des chrétiens. Dans l'hospice des Anti-
quailles, bâti sur les ruines de l'ancien palais des empereurs romains, se trouvent encore le cachot souterrain où
expira saint Pothin, premier évêque de Lyon, et une
colonne à laquelle fut attachée sainte Blandine. Dans Saint-
Irénée, l'église basse, telle que les premiers fidèles la
construisirent, offre à notre vénération le puits qui servait
aux baptêmes et dont l'eau fut, dit-on, rougie du sang
de dix-neuf mille martyrs ; pour l'autel principal, le tombeau de saint Irénée ; près de celui-ci, le tombeau de saint
Epiphane ; puis un autre autel sur lequel saint Polycarpe

célébra les saints mystères ; enfin, dans une châsse vitrée, le corps d'un enfant de six ans, nommé Zacharie, qui, malgré son jeune âge, eut la tête tranchée pour sa foi.

La ville de Lyon était primitivement tout entière de ce côté. Bien avant saint Irénée, des bains, un théâtre, un aqueduc lui avaient assuré ce confortable dont les Romains aimaient à doter leurs colonies, et quelques débris en signalent l'emplacement. Quant au marché, la place qu'il occupait et le nom lui-même de ce *vieux forum* nous sont indiqués par *Fourvières*, dont la chapelle, consacrée depuis longtemps à la sainte Vierge, est un but de pèlerinage des plus célèbres et des plus fréquentés.

Si Lyon redit au visiteur le douloureux enfantement du christianisme dans les Gaules, Avignon réveille des pensées différentes, mais qui ont bien aussi leur valeur. Achetée par le pape Clément VI à Jeanne, reine de Naples, en 1348, l'ancienne cité, qui avait été romaine, bourguignone, sarrasine, française depuis Charles Martel, etc., devint la résidence des Papes pendant toute la seconde moitié du quatorzième siècle, et sa cathédrale, vraie forteresse gothique, vit se presser sous ses voûtes féodales toutes les illustrations d'alors. Plusieurs pontifes y reçurent la consécration de leur puissance, entre autres Innocent VI, Urbain V et Grégoire XI. Mais dès le commencement du quinzième siècle ce dernier pape retourne à Rome, et les Français, fatigués des longueurs d'un schisme déplorable, forcent l'antipape Benoît XIII à quitter la ville et à s'enfuir en Espagne.

Lorsque, en arrivant par le Rhône, on aperçoit dans le lointain, debout sur son rocher, ce vieux palais, que constitue un groupe de robustes tours liées entre elles par des arcades colossales, on reste plongé dans une respectueuse contemplation. C'est comme une représentation imposante de la papauté elle-même. « Sublime, immortelle, comme l'a dit un illustre écrivain [1], étendant son ombre majestueuse sur le fleuve des nations et des siècles qui roule à ses pieds. »

Arrivons à Marseille. Ici encore, dans cette antique cité, plus d'une impression religieuse nous attend. Le premier évêque de Marseille fut saint Lazare, le même que ressuscita Notre-Seigneur et qui mérita d'être appelé son ami. Après l'ascension du Sauveur, saint Lazare et ses deux sœurs, sainte Marthe et sainte Marie-Madeleine, suivant une pieuse tradition, passèrent à *Massilia*, la Marseille d'aujourd'hui. Saint Lazare s'y arrêta pour y prêcher la foi. Sainte Madeleine se retira non loin de la ville actuelle de Toulon, au fond d'une grotte appelée aujourd'hui *la Sainte-Baume*, tandis que sainte Marthe, fixée dans une localité où devait s'élever la ville actuelle de Tarascon, délivrait le pays d'un monstre nommé la Tarasque. Ce service, quand je traversai Tarascon, était rappelé chaque année par une procession solennelle dans laquelle on promenait un monstre colossal, tenu en laisse par une jeune fille.

Lyon a Notre-Dame de Fourvières; Marseille a Notre-Dame de la Garde, plus haut placée que la précédente, remarquable comme elle et plus qu'elle par le nombre des *ex-voto* dont les murailles de sa chapelle sont surchargées et par la magnificence du panorama que l'on domine. La mer, que nous allons traverser, le port de Marseille et les centaines de navires qui s'y abritent,

[1] M. le comte de Montalembert.

la ville avec sa vieille rue de la Canebière, et ses larges avenues qui rayonnent à l'entour, et ses délicieux environs parsemés de villages et de bastides : tout cela forme un ensemble que l'on ne peut se lasser de contempler.

Si je m'attarde ainsi devant ces attraits divers de notre belle France, c'est qu'au moment de la quitter le pied hésite et le cœur proteste, et qu'il semble que ce ne puisse être qu'avec un déchirement plus ou moins pénible que l'on va s'arracher au sol natal. Je n'aurais pas été fidèle dans le récit de ce voyage, si je n'avais exprimé ce sentiment ; j'avais laissé croire qu'en descendant de la chapelle de Notre-Dame de la Garde, je m'étais élancé, tout joyeux et sans souci du lendemain, vers le beau paquebot *le Charlemagne*, qui allait me conduire aux rivages, si impatiemment désirés cependant, de notre colonie africaine.

II

C'était au déclin du jour, un dimanche ; maint canot de plaisance, la voile gonflée par la brise, se balançait à nos côtés, ou, doublant les forts Saint-Jean et Saint-Nicolas, et le vieux château d'If, nous précédait dans la rade pour nous y saluer d'un dernier adieu. Enfin la cloche du départ s'est fait entendre, notre puissante machine bat de ses ailes de fer l'onde qui blanchit sous ses coups, notre navire frémit et s'ébranle ; des quais les plus voisins, des chaloupes qui nous environnent, bien des saluts répondent à nos saluts, bien des mains répondent à nos mains, bien des mouchoirs flottent au vent, et nous, de la forêt de mâts qui nous enferre, de la foule des chaloupes qui s'écartent à notre approche, nous nous dégageons lentement d'abord, puis

avec une vitesse progressivement accélérée. Enfin, dès que
le goulot du port est franchi, dès que les premières ondulations du roulis ont provoqué chez plus d'un d'entre nous
des soulèvements d'estomacs plus convulsifs encore et
plus désordonnés, bientôt la mer immense s'étale devant
nos yeux, sans bornes, sans limites; la terre que nous
fuyons s'efface peu à peu, puis se dérobe elle-même
à nos regards, en même temps que s'éteignent dans la
brume tous les feux du rivage, et que tous les bruits se
taisent pour ne plus laisser retentir à nos oreilles que la
grande voix des vagues et le sifflement des vents.

Notre traversée devait être des moins accidentées : sur
nos têtes un ciel constamment pur ; dans notre sillage par
moments une mer phosphorescente; de temps en temps une
mouette dont les ailes d'argent rasent les flots, ou des
marsouins, avec leurs museaux noirs, bondissant près de
nous ; rares et insuffisantes distractions aux ennuis de la
route. Cherchons-en donc ailleurs de plus réelles, et ne
fût-ce que comme un utile préliminaire, avant de toucher
la terre d'Afrique, jetons un coup d'œil rétrospectif sur les
principaux événements dont elle fût le théâtre.

Vers l'année 860 avant Jésus-Christ, où se trouve aujourd'hui Tunis, des Phéniciens étaient venus fonder la
ville de Carthage, et, deux cents ans après environ, des
Doriens, abordant en Lybie, dans ce qu'on appelle la régence de Tripoli, avaient fondé Cyrène. Ces deux villes
seront toutes les deux très-florissantes, et la première
deviendra même assez puissante pour inquiéter Rome, qui
jurera sa perte et, après les longues péripéties d'une lutte
à mort, finira par la réduire en cendre.

Vers cette époque, la Numidie avait pour roi Massinissa.

Ennemi des Romains d'abord, puis leur allié, Massinissa, régna soixante ans, de la Mauritanie jusqu'à Cyrène. Son fils, Micipsa, régna lui-même trente ans, et sous lui la ville de *Cirtha*, Constantine, atteignit un haut degré de prospérité. Après lui, ses deux fils, Adherbal et Hiempsal, se partagent son royaume ; mais Jugurtha, son neveu, les tue l'un et l'autre et les remplace. Ce crime ne resta pas impuni : après une guerre de sept ans, Jugurtha est enfin pris par Marius, emmené à Rome et enfermé dans la prison Mamertime, où il meurt de faim à cinquante-quatre ans. Depuis lors, tout le littoral africain, depuis l'Egypte jusqu'à Tanger, n'est plus qu'une large colonie romaine, où nous voyons passer successivement : Marius, fuyant Sylla, et s'y réfugiant sur les ruines de Carthage ; Pompée, venant y combattre et y vaincre Domitius ; Catilina, préteur en Afrique, en rapportant d'immenses richesses. qui alimenteront sa célèbre conspiration; après la bataille de Pharsale, Caton, Métellus, Scipion, Varus et Juba, roi de Numidie et de Mauritanie, combinant en vain leurs efforts et battus par César, qui donne au préteur Salluste la Numidie et la Mauritanie orientale, aujourd'hui province d'Alger et d'Oran.

Mais voici que la République romaine est remplacée par l'Empire. Sous Auguste, Juba II, qui tenait de la générosité de l'empereur la Numidie et les deux Mauritanies dont la Tingitane (Tanger), fonde la ville que nous nommons *Cherchell*, l'appelle *Césarée*, en mémoire de l'empereur, en fait sa capitale et y règne quarante-cinq ans, étudiant et écrivant l'histoire de son pays.

Bientôt, à côté de l'ancienne Carthage, surgit une Carthage nouvelle, que seules Rome et Alexandrie dépasseront en splendeur. C'est sur l'emplacement des deux Carthages que Tunis est assise aujourd'hui.

Et maintenant, citerai-je toutes les guerres incessantes, tous les crimes succédant aux crimes, qui désolèrent ces belles provinces, depuis l'aventurier maure Tarfarinas, tenant tête aux Romains et tué par eux sous Tibère, jusqu'au proconsul Gordin, puni par la mort, ainsi que son fils, pour avoir voulu résister au féroce Maximin? Non, car je vois venir de Palestine, par le sol africain, de nombreux exilés; ce sont des Juifs qui, eux aussi, portent la peine d'un tout autre crime : leurs pères ont immolé le Sauveur du monde, et le sang du Juste, comme pour y imprimer une tache ineffaçable, est retombé sur le front de leurs enfants : Jérusalem n'est plus qu'un monceau de décombres, et, soit volontairement, soit comme esclaves, beaucoup de ceux qui ont pu survivre à cet affreux désastre, affluent en Afrique, cherchant là le travail qui fait vivre et qui donne l'oubli des maux passés[1]. Le flambeau du christianisme va donc bientôt éclairer le monde, et dès le deuxième siècle de notre ère, ses premières lueurs brillent sur l'Afrique. En vain, par des flots de sang, les païens voudront éteindre cette bienfaisante lumière; les douze martyrs scillitains[2],

[1] Outre cette origine, beaucoup des Juifs qui habitent l'Algérie sont venus d'Espagne, chassés par la persécution exercée contre eux après l'expulsion des Maures. En dépit de toutes ces persécutions et de celles auxquelles ils furent soumis par les Turcs, les Juifs ont conservé leurs usages religieux et autres avec une persistance et une fidélité des plus remarquables.

[2] Douze chrétiens de la ville de Scillite, sept hommes et cinq femmes, décapités à Carthage, en juillet de l'an 200, par ordre du proconsul Saturnin, qui le premier, en Afrique, tira le glaive contre les disciples de Notre-Seigneur et en fut puni peu de temps après par la perte de la vue. Les reliques de l'un des martyrs scillitains, saint Spérat, furent apportées d'Afrique en France par des ambassadeurs de Charlemagne et placées dans l'église de Saint-

sainte Perpétue et sainte Félicité, dont les noms, tant leur combat fut glorieux et leur palme éclatante, retentissent depuis seize siècles au saint sacrifice de nos autels[1]; bien d'autres encore, évêques, clercs, hommes, femmes, enfants même, par leurs admirables exemples, propageront la foi nouvelle, et, converti à la vue des impuissants efforts de leurs bourreaux, Tertullien ne tardera pas à proclamer que le sang des martyrs est une semence féconde qui fait germer de nouveaux chrétiens.

En effet, le troisième siècle commence à peine, qu'à l'Eglise d'Afrique il faut un organisateur, et qu'à la religion naissante, qui a déjà ses hérétiques, il faut un défenseur. Saint Cyprien saura rendre ce double service. Mais, malgré son courage qui lui coûtera la vie, bien des fois encore l'hérésie relèvera la tête, et, par leurs erreurs insensées et leur ardeur à vouloir les répandre, les donatistes et les manichéens feront couler des flots de sang.

C'est que l'Afrique a toujours été la terre des grandes luttes, soit religieuses, soit nationales, la terre des convictions profondes et des dévouements qui préfèrent tout, même la mort, à la honte d'une apostasie. La foi chrétienne y avait survécu au schisme des donatistes; elle ne se laissa

Jean-Baptiste, à Lyon. Les mêmes ambassadeurs apportèrent aussi des reliques de saint Cyprien, qui furent déposées successivement à Arles, à Lyon, puis, sous Charles le Chauve, à Compiègne, dans la célèbre abbaye de Saint Corneille. Elles sont aujourd'hui perdues.

[1] Les précieuses dépouilles de ces deux saintes et de leurs compagnons, Révocat, Satur et Secundulus, étaient, au cinquième siècle, dans la grande église de Carthage. Leur fête, au dire de saint Augustin, attirait plus de monde pour les honorer, que la férocité païenne n'avait attiré de spectateurs à leurs supplices.

point ébranler par l'hérésie d'Arius ; et, quand saint Augustin y eut de nouveau, par l'ardent éclat de sa parole, échauffé les cœurs et illuminé les esprits, ce fut l'Afrique qui porta les premiers coups à l'hérésie de Pélage. Plus tard, ce sera pour avoir non moins vaillamment combattu les ariens, les nestoriens, les eutychéens, etc., qu'un autre évêque d'Afrique, saint Fulgence, méritera d'être nommé l'Augustin de son siècle, et, moins de cent après, une nouvelle hérésie encore, celle des monothélites, viendra se briser contre la résistance que les évêques d'Afrique opposeront à ses attaques ; les évêques d'Afrique, devenus promptement si nombreux que, sous les empereurs romains, on compta jusqu'à six cent quatre-vingt-dix évêchés catholiques entre Tanger et Tripoli.

Mais quels coups terribles, quels rudes assauts l'orthodoxie devait-elle subir ! Partis des rives de la Baltique bien avant l'ère chrétienne, les Vandales s'étaient d'abord répandus dans la haute Allemagne. Convertis au christianisme en Pannonie, puis, peu de temps après, devenus ariens, ils avaient envahi successivement la Gaule, l'Espagne où l'*Andalousie* (la *Vandalousie*) a retenu leur nom, puis l'Afrique, où ces barbares, chastes relativement, semblent avoir eu ce double rôle, et de punir la dépravation générale poussée à ses dernières limites, et de rendre quelque moralité aux vaincus[1]. Ce fut pendant le

---

[1] Les Vandales avaient conscience de leur mission. Ils disaient que ce n'était pas d'eux-mêmes qu'ils usaient de tant de rigueur, mais qu'ils sentaient une force qui les y poussait comme malgré eux. Genséric, leur roi, était pénétré d'une confiance en lui-même illimitée et de la conviction qu'il était conduit par une main toute-puissante. Un jour qu'il mettait à la voile, son pilote lui demanda quelle route il fallait prendre : « Suis le vent, répondit Genséric, il nous conduira vers ceux que Dieu veut punir. »

siége d'Hippone, que Genséric allait réduire à la famine
et détruire par le feu, que mourut son grand évêque
saint Augustin. Perte bien cruelle pour l'Eglise africaine
et qui n'était que le prélude des désastres et des persécutions de toute sorte réservés au catholisme sous la domination séculaire de ces farouches envahisseurs.

Après les Vandales, chassés par Bélisaire, ce furent
les Maures, ce furent les anciens sujets de Jugurtha,
refoulés bien souvent, jamais domptés, qui descendirent
de leurs montagnes pour venir promener de nouveau dans
les plaines la dévastation ou la terreur.

Ce furent ensuite les Arabes musulmans, les enfants de
Mahomet, autres ravageurs, qui se précipitèrent sur le
vaste pays situé à l'occident de leurs déserts, et dénommé
par eux le *Maghrel* (le couchant), avec une fougue sauvage qui fit tout plier devant eux durant un siècle et ne
s'arrêta que dans les plaines de Poitiers devant l'épée de
Charles Martel. L'Afrique, en particulier, devait être
promptement conquise. Un affreux désordre y régnait
partout; les mœurs, souillées par l'hérésie, y étaient
tombées dans une dépravation que le sacrilége aggravait
encore; l'autorité s'y voyait méprisée ou méconnue; tout
l'avait préparée à la plus dure et à la plus cruelle conquête
qu'elle eût encore subie et qui allait la faire retomber, pour
des siècles entiers, dans la plus profonde barbarie.

Et en effet, sous les plis de la bannière musulmane,
le christianisme, en Afrique, devait dépérir et s'éteindre,
jusqu'au jour où la bannière française étant venue s'y im-
planter à son tour, il nous fût donné de voir la foi primitive refleurir, nos temples saints succéder aux mosquées
et le Croissant céder la place à la Croix de Notre-Seigneur.

Entre ces deux époques, bien long fut l'intervalle, bien longue en serait l'histoire. Je ne donnerai que les traits principaux.

Les musulmans n'avaient pas tardé, sur la terre d'Afrique, soit à se déchirer entre eux à propos de querelles dynastiques, soit à lutter contre les chrétiens d'Espagne. Pendant une de ces crises, une grande figure se montre à nous sur le sol africain, mais, hélas! comme un météore trop promptement disparu. Le drapeau de la France flotte sous les murs de Tunis. Louis IX vient d'ordonner l'assaut de la citadelle, la citadelle est prise, mais la peste éclate dans nos rangs, et bientôt le vainqueur lui-même succombe à ses atteintes, et notre armée en deuil ne ramène que le cadavre d'un grand roi, que les reliques d'un saint.

Vers la fin du xve siècle, sous Ferdinand et Isabelle, les musulmans furent définitivement chassés d'Espagne. Le royaume de Grenade succomba le dernier, et avec Abd-Allah qui l'avait gouverné, la plupart de ses sujets se réfugièrent en Afrique, à Fez notamment. Mais l'Amérique était depuis peu découverte, et les richesses de ce *nouveau monde* affluaient en Espagne; elles tentèrent bientôt la cupidité de ses voisins, surtout des Maures qui avaient été expulsés et qui ne demandaient qu'à se venger. Alors prit naissance la piraterie africaine.

Rhodes, depuis un siècle environ, était le rempart de la chrétienté contre l'islamisme; Alger devint le rempart et le refuge de l'islamisme et de la piraterie contre la chrétienté. Pour en réprimer les ravages, on conçoit que l'Espagne dut entrer en lice la première, et elle occupa successivement, sur le littoral africain, Melilla, Mers-el-Kébir, Oran et Bougie. Pierre de Navarre, lieutenant du

cardinal Ximénès, parvint même à obtenir d'Alger la promesse d'un tribut annuel, et, pour en assurer le paiement et
empêcher les corsaires de venir se ravitailler là, il fit construire, dans un îlot situé devant le port, une forteresse circulaire armée de grosse artillerie, sur les ruines de laquelle
se dresse aujourd'hui le phare que nous verrons bientôt.

Mais voici que deux corsaires grecs, fils d'un potier,
nés sujets turcs à Métélin dans l'île de Lesbos, renommés par leur courage et par le nombre de leurs navires,
Aroudj et Khaïr-ed-Din, dits les frères Barberousse[1],
cherchaient alors sur les places d'Afrique un refuge où ils
pussent déposer leurs prises, et faute de mieux, ils venaient de prendre Djidjelli. Alger, à cette époque, tout
en reconnaissant la souveraineté des rois de Tlemcen et
celle des Espagnols, n'obéissait en réalité qu'à un gouverneur maure de son choix, Selim, d'une famille puissante
de la Mitidja. Selim, voulant se débarrasser des chrétiens,
appelle à son aide les nouveaux maîtres de Djidjelli. Aroudj
accourt avec trois cents Turcs, déploie une extrême activité, gagne la confiance de tous, et voyant Selim jaloux de
son influence, il le fait étrangler et se proclame tout à la
fois maître de la ville et vassal du grand seigneur. C'est l'origine de la régence d'Alger. A cette nouvelle, Charles-Quint
expédie contre Alger quatre-vingts navires et huit mille

---

[1] Les Arabes donnaient et donnent encore la qualification de *baba* non-
seulement aux pachas et beys turcs de la Régence, mais encore à tous les
Turcs sans exception. Il est probable que le surnom donné au conquérant
d'Alger (Barberousse) est dû au mot *Baba-Aroudj*, mal prononcé par les
Européens, et non à la couleur contestée de sa barbe. Ce nom passa comme
nom de famille au frère d'Aroudj, Khaïr-ed-Din (le bien de la religion), dont
les Européens ont fait aussi Conradin et Chérédin. (*Voyez* L. Veuillot, *les
Français en Algérie*, et Bouillet.)

hommes de débarquement. Aroudj, assisté par son frère,
revenu d'une longue croisière sur les côtes d'Italie, laisse
débarquer les Espagnols, les entoure, les culbute, ou les
refoule dans leurs vaisseaux, dont une tempête achève la
déroute.

Bientôt Aroudj s'empare de Médéah, de Milianah, de
Ténès. Appelé même à Tlemcen par un usurpateur qu'il
avait soutenu, il le fait étrangler avec ses sept enfants;
mais là se termine son insolente prospérité. Assiégé dans
Tlemcen par les Espagnols qui veulent rétablir le souve-
rain détrôné, il s'échappe de la ville, est atteint au Rio-
Salado, et Garzia de Tinez lui coupe la tête. Il avait qua-
rante-quatre ans. Sa veste de velours rouge brodée d'or,
envoyée au monastère de Saint-Jérôme de Cordoue, servit à faire une chape qui porta le nom de Barberousse.

Resté seul, son frère Khaïr-ed-Din lui succède. Nouvelle
entreprise de Charles-Quint contre Alger; nouvelle défaite : une horrible tempête vient encore assaillir sa flotte
et engloutir vingt-six de ses navires et quatre mille
hommes. Alger *la bien gardée* s'enrichit de ses dépouilles,
et Khaïr-ed-Din reçoit de Constantinople l'investiture du
pachalik et le droit de battre monnaie. Restait la forteresse
espagnole dite le Penon (de pêna, rocher), qui, debout à
l'entrée du nord, était pour les Algériens, suivant une
chronique, une épine qui leur perçait le cœur. Khaïr-ed-
Din, instruit par un traître que la famine désole la place
et que les secours demandés par son gouverneur, D. Martin de Vargas, ne sont point encore arrivés, se décide à
l'assiéger. Après un feu qui venait de durer dix longues
journées, les Turcs montent à l'assaut, et ils ne trouvent
sur la brèche que le vieux gouverneur seul, l'épée à la

main, se battant encore. Toute la garnison était morte, blessée, ou exténuée par la faim. Dom Martin, contraint par le nombre et criblé de blessures, fut mené à Khaïr-ed-Din, qui le pressa d'embrasser l'islamisme. Le héros chrétien s'y refusa, et le féroce musulman le fit périr sous le bâton. Puis il rasa la forteresse, et de ses débris il construisit la jetée qui joint les îlots à la terre ferme.

Pendant trois ans Barberousse épouvante et dévaste toutes les côtes méditerranéennes. Combinant sa flotte à celle des Turcs, que le sultan lui a confiée, plus souvent vainqueur de Charles-Quint et de l'amiral vénitien André Doria que vaincu par eux, il reçoit même de François Ier huit cent mille écus et le commandement de la flotte française contre l'Espagne, prend Nice, pille les côtes, rentre à Constantinople chargé de butin, et y meurt à quatre-vingts ans, en 1547, année où devaient mourir aussi François Ier, Henri VIII et Luther.

Fils de Khaïr-ed-Din, Hassan-Pacha succède à son père dans le gouvernement d'Alger, et embellit cette ville de constructions orientales, de bains, etc. Déposé à plusieurs reprises par les janissaires rebelles au joug qu'il veut leur imposer, mais réintégré chaque fois par le sultan, Hassan-Pacha poursuit le cours de pirateries de son père et prête l'appui des ses vaisseaux à toutes les expéditions de la flotte turque. Ainsi, en 1565, vingt-huit voiles algériennes coopèrent avec les cent cinquante-neuf galères de Soliman au fameux siége de Malte, dont les intrépides chevaliers, terreur des pirates musulmans, devaient s'immortaliser par leur héroïque et victorieuse résistance.

Malgré cet échec, malgré le désastre bien autrement fatal aux flottes ottomanes de la bataille de Lépante (1571), où figurait Hussan-Pacha, et dans laquelle les trois cents vingt-quatre navires musulmans, en partie dispersés, en partie coulés à bas par Don Juan d'Autriche, perdirent trente mille hommes et trois cents canons, les Algériens n'en continuèrent pas moins leurs déprédations maritimes, et dans de telles proportions qu'en 1582 deux mille esclaves chrétiens furent vendus à Alger.

C'était un bien affreux commerce, que ce trafic de chair humaine. Les enfants devenaient la propriété du dey ou de certains personnages privilégiés ; les femmes étaient attachées au service des dames maures, ou placées dans les harems. Quant aux hommes, on les vendait publiquement aux enchères, pour être employés à des travaux plus ou moins durs, et les plus malheureux étaient ceux que l'on affectait au service de l'Etat. Mal nourris, mal vêtus, logés dans des cellules étroites, sombres et infectées de vermines et de scorpions, condamnés souvent aux corvées les plus pénibles et battus à tout propos, leur seule pensée était de se dérober par la fuite à un si barbare esclavage, leur seule consolation de recevoir, par intervalles, la visite des Pères de la Merci. L'œuvre de ces bons religieux consistait en effet à visiter ces pauvres esclaves, à les consoler, à les soigner au besoin, dans un petit hôpital qu'ils avaient fait construire, à les confesser, à conserver chez eux le trésor de la foi, souvent enfin, à payer leur rançon, quand les exigences du vendeur, grossie de redevances de toute sorte, ne dépassaient pas les ressources pécuniaires, résultat trop souvent insuffisant de leurs quêtes journalières[1]. On

[1] Indépendamment de l'ordre de la Merci, institué en 1223 à Barcelone, par Pierre de Nolasque, gentilhomme français, et qui suivait la règle de Saint-

jugera de l'importance de ces exactions supplémentaires,
qui s'étendaient depuis les droits du pacha, du secrétaire d'Etat, du capitaine du port, etc., jusqu'à ceux du
gardien du bagne, si je dis qu'en 1719, une jeune enfant de douze ans, petite-fille d'un lieutenant-général,
ayant été capturée par les Algériens, avec son oncle et
deux femmes de chambre, ses parents furent obligés de
payer pour la délivrance de ces quatre personnes la somme
de soixante-quinze mille livres.

Aussi, quelle bonne fortune pour ces misérables forbans, quand un personnage riche ou distingué tombait
en leur pouvoir! Citons, à ce propos, l'histoire assez
curieuse de Michel Cervantès, l'auteur de *Don Quichotte*.
Il venait de prendre une part glorieuse à la bataille de
Lépante, où il avait perdu la main gauche, et regagnait
l'Espagne par une des galères du roi quand ce navire
fut capturé par le fameux Mami, le plus redoutable corsaire de cette époque. Conduit à Alger, il y échut en partage au terrible Mami lui-même, albanais rénégat, ennemi
mortel des Chrétiens et surtout des Espagnols, enfin,
maître farouche et impitoyable, au dire même des Algériens. En présence d'une pareille situation, l'intrépide

Augustin, des prêtres de l'ordre des Trinitaires, dévoués aussi au rachat des
captifs, avaient fondé une maison à Alger, vers la fin du seizième siècle. Dans
l'intérieur de leur couvent se trouvait une chapelle où les Européens catholiques pouvaient assister à l'office divin. Les Trinitaires portaient aussi le nom
de Mathurins. Leur ordre avait été fondé en 1199 par S. Jean de Matha et
S. Félix de Valois. En 1614, saint Vincent de Paul obtint de Louis XIII une
somme de dix mille francs pour envoyer à Alger quatre prêtres de sa congré-
gation, connue sous le nom de Lazaristes. Ils y fondèrent un hôpital, dans
lequel ils établirent, comme les Trinitaires, une petite chapelle qui servit
d'église aux catholiques. Depuis leur installation, ils s'y sont succédé sans
interruption jusqu'aux hostilités entre la France et l'Odjack.

Cervantès ne se laissa point abattre, mais il résolut de tenter une évasion. Il sut qu'un autre esclave espagnol, attaché à la culture d'un jardin situé aux environs d'Alger, avait, par un travail de plusieurs années, creusé dans le fond de ce jardin un souterrain aboutissant au bord de la mer. Il s'échappa de la maison de son maître et alla se blottir dans ce souterrain, où bientôt d'autres esclaves, une quinzaine environ, vinrent le rejoindre. Le jardinier veillait sur eux au dehors, et un autre esclave, qui, en raison de son état de doreur, jouissait d'une certaine liberté, leur apportait des vivres. Pendant la nuit, mais seulement alors, nos fugitifs sortaient de leur retraite pour respirer quelques instants l'air vivifiant de la mer.

Au bout de six mois de cette vie souterraine, Cervantès apprit qu'un esclave majorquain, nommé Viane, excellent marin, allait retourner dans sa patrie. Il le décida à se charger d'une lettre pour le vice-roi de Majorque et obtint de lui la promesse de venir le délivrer.

Viane tint sa parole. Peu de temps après son départ, monté sur un brigantin que le vice-roi s'était empressé de lui confier, il s'approchait de la côte, à la chute du jour, et volait vers le souterrain. Mais à ce moment même quelques Maures l'aperçoivent, donnent l'alarme, appellent les gardes-côtes, et Viane est obligé de reprendre le large et d'attendre là, pour renouveler sa tentative, que cette alerte soit oubliée. Vaine attente : l'esclave doreur, si plein de zèle en apparence, n'était qu'un traître. Dès le lendemain de cet échec, il dénonçait tout le complot, et au lieu de son libérateur, Cervantès voyait apparaître une troupe de soldats qui le chargeaient de chaînes et le conduisaient devant le pacha. « Je suis le seul coupable, » lui dit Cervantès, « épargne mes frères, c'est moi qui les ai séduits. » Touché de cette généreuse audace, et supposant sans doute qu'un homme si grand dans le malheur était de noble famille, Hussan-Pacha l'achète au corsaire Mami et le retient dans son palais, où plus de deux années s'étaient écoulées encore pour le malheureux Cervantès, quand deux religieux vinrent payer sa rançon et lui rendre enfin le droit de revoir son pays après onze ans d'absence, dont cinq d'esclavage.

Les Espagnols étaient restés possesseurs sur le sol africain de Mers-el-Kébir et d'Oran. De là une sourde haine de l'Odjack (gouvernement algérien) contre l'Espagne ; de là aussi relations commerciales plus intimes avec la France, dont les rois étaient d'ailleurs en fort bons rapports avec les sultans ottomans. Aussi, dès 1520, et c'est là l'origine de nos établissements sur les côtes d'Algérie, des négociants provençaux s'étaient assuré le droit exclusif de pêcher le corail aux alentours de Bone. D'autres concessions leur furent même faites ultérieurement, et en 1561, deux armateurs marseillais fondèrent un comptoir à la Calle. Cet essai réussit, et à tel point qu'un peu plus tard nos armateurs demandèrent qu'un consul fût admis à Alger, ce qui fut accordé en 1581.

Malgré ces conditions toutes spéciales, les corsaires algériens pillaient toujours nos navires. En vain le sultan, sur la plainte d'Henri IV, les condamnait-il à la restitution de leurs prises et au paiement de certaines indemnités pécuniaires. Les Algériens persistaient. Aussi, le croirait-on ? de 1628 à 1634, nous eûmes quatre-vingts navires enlevés par ces bandits, treize cent trente captifs, et dans les bagnes d'Alger le nombre des esclaves français finit par s'élever jusqu'à trois mille! Devant de pareils méfaits, la France protestait assurément, elle réclamait la satisfaction qui lui était due; mais bien souvent la réparation était dérisoire, ou même à sa généreuse patience on ne répondait que par des concessions apparentes, déloyales, ou par des atermoiements basés sur les dissensions intestines ou les révoltes si fréquentes parmi ces barbares, et dont je veux citer un exemple.

Au début de la domination turque, il avait été dit que les Turcs seuls occuperaient les emplois publics. Plus tard, on s'était relâché de cette rigueur, et on avait fini par admettre dans la milice des Maures et des Koulouglis. On nommait ainsi les fils de père turc et de mère africaine. Ceux-ci, riches pour la plupart, et plus intelligents que les aventuriers envoyés de Constantinople comme janissaires, s'étaient élevés peu à peu aux postes les mieux rétribués, et leur influence était souvent prédominante dans les délibérations du divan. Cette supériorité lassa les janissaires, qui parvinrent à déposséder de tous leurs grades les Maures et les Koulouglis, et à les chasser d'Alger. Mais bientôt ces exilés reparurent, espérant faire révoquer l'arrêt qui les avait frappés. Que font alors les janissaires? Ils se précipitent sur ces malheureux, en saisissent deux cents, les enferment dans des sacs et les jettent dans la mer. Cette cruauté exaspère ceux des Koulouglis qui avaient pu s'échapper. Usant de ruse, ils rentrent dans Alger, s'emparent de la Kasbah, et, après y avoir laissé pénétrer après eux tous les janissaires qui les poursuivent, ils mettent le feu à la poudrière. En un instant l'immense citadelle n'est plus qu'un monceau de ruines, et cinq cents maisons de la ville, renversées par l'explosion, enterrent sous leurs décombres plus de six mille cadavres.

Enfin, pourtant, les brigandages des Algériens ont dépassé toute mesure, et, par ordre de Louis XIV, Duquesne vient bombarder Alger. A plusieurs reprises, la mer contrarie ses efforts, mais il les réitère, en assure mieux la portée, constate, en incendiant la ville, la puissance de ses mortiers, posés pour la première fois alors sur le plancher mouvant d'un vaisseau. Enfin il exige et obtient la délivrance de tous les esclaves et l'envoi à son bord de l'amiral algérien Mezzomorte. Il exige en outre la somme de quinze cents mille francs. Mais le dey hésite devant cette troisième condition. Mezzomorte prie Duquesne de le laisser retourner à terre : « Il se fait fort, dit-il, de déterminer le dey. » Il repart, en effet; mais une fois à terre, il fait poignarder le dey, et, se proclamant son successeur, il signifie à Duquesne que s'il renouvelle le bombardement, il fera, quant à lui, attacher ses prisonniers à la bouche de ses canons. Horrible menace, qu'il ne devait que trop fidèlement réaliser par la personne de notre consul et de vingt-deux autres chrétiens ! Et malheureusement les bombes manquaient à notre flotte : il fallut revenir à Toulon, et ajourner à l'année suivante le châtiment de ce nouveau crime et la conclusion d'un traité de paix.

Autres méfaits cependant encore pendant les années suivantes, avec succession, pour Alger, de guerres au-dehors, de révolutions au dedans, et d'assassinats de toute sorte.

Sous Louis XV, retour et persistance des déprédations algériennes, et en 1764, nouveau traité obtenu par l'envoi d'une escadre. En 1770, démonstration analogue, mais moins heureuse, par le Danemarck, pour se soustraire au paiement d'un tribut arbitraire, la plupart des Etats, qui entretenaient alors des consuls à Alger, payant au dey un tribut annuel ou des présents. La fière Angleterre, beaucoup plus tard, en 1816, après avoir été amenée à bombarder Alger, ne s'engagea-t-elle pas à envoyer un présent de cent cinquante mille francs à chaque renouvellement de consul ! Même engagement, sauf les dissemblances numériques dans cette humiliante redevance, avait été imposé aux Etats-Unis, à la Hollande, à la Suède, au Danemarck, à la France elle-même, etc. ! Et en dépit de tous ces tributs, la piraterie ne cessait pas, et en 1807, notre savant Arago, jeune encore, allait grossir la liste· de ses innombrables victimes ! Déjà le dey d'Alger, qui en avait fait son esclave, l'envoyait à bord d'un corsaire de la régence, en qualité d'interprète, quand le consul de Suède intervint, le fit rendre à la liberté et lui fournit les moyens de regagner la France.

Nous touchons au terme des événements dont je n'ai prétendu que donner une esquisse.

III

L'un des derniers deys d'Alger, Ali-Khodja, vient de mourir de la peste, monstre impitoyable qui, malgré la briéveté d'un règne de quelques mois, a fait tomber plus de quinze cents têtes.

Son successeur fut Hussein-Khodja. Ancien janissaire, et d'abord modeste fripier, mais homme habile et administrateur capable, Hussein-Pacha avait pu, par son économie et son activité, devenir directeur de l'entrepôt du blé, secrétaire de la Régence, administrateur des domaines de l'Etat, membre du divan et enfin chef de l'Odjack. Appelé au pachalick par le testament du pacha précédent et par le choix du divan lui-même, il occupait ce poste là même depuis douze ans, enfermé dans son palais de la Kasbah, pour s'y soustraire aux violences capricieuses des janissaires dont il avait failli être victime, et on vantait, non sans raison, sa fermeté, sa justice et son désir d'initier la Régence à quelques-uns des bienfaits de la civilisation européenne, quand éclata entre notre consul et lui le dissident qui devait entraîner sa ruine.

Notre consul général, M. Deval, était d'un caractère souple et obséquieux jusqu'à la faiblesse. Il avait laissé la redevance annuelle de la compagnie française d'Afrique s'élever de soixante mille à deux cent mille francs; il avait promis que la France ne construirait dans les limites de ses concessions ni fort ni enceinte pourvus d'artillerie. Le dey voulut plus encore : il voulut expulser la compagnie d'Afrique, détruire ses établissements, usurper à notre détriment la pêche du corail, continuer la piraterie en dépit de la protection du pavillon français, enfin obtenir de nous je ne sais combien de millions sous le prétexte que notre gouvernement en était débiteur pour des achats de blés envers des fournisseurs algériens dont lui-même était le créancier. M. Deval, dans une audience du dey, venait de se refuser à la dernière de ces exigences, quand Hussein, irrité, se lève, le frappe de son éventail et lui ordonne de se retirer.

De là, pour obtenir réparation d'un pareil outrage, blocus du port d'Alger pendant les années 1827, 1828 et 1829 ; de là, notre mémorable expédition de 1830, commandée par le lieutenant-général Bourmont : débarquement de nos troupes le 14 juin sur le promontoire d'Esseïd-Efroudj, dont nous avons fait, par corruption, *Sidi-Ferruch* ; le 19, bataille décisive de Staouëli, l'une de nos plus brillantes batailles depuis celles de Napoléon; le 4 juillet, siège et explosion du fort l'Empereur[1] ; enfin le 5, trois semaines après le débarquement, reddition d'Alger,

---

[1] Le fort de l'Empereur, appelé par les Algériens *Sultan-Cabissy*, fut élevé par le dey Hassan, en 1541, après la retraite des Espagnols, sur le monticule où Charles Quint avait campé. Son nom lui fut donné sans doute comme souvenir de la victoire remportée sur l'empereur chrétien.

cette ville qui se nommait fièrement *la victorieuse*, *la bien gardée*.

Voilà donc, grâce à nos armes, l'Europe affranchie d'un haut tribut dont elle est depuis si longtemps contrainte à subir la honte! voilà la piraterie abolie; voilà l'Afrique rendue à la civilisation, qui depuis près de quinze siecles a fini par s'y éteindre dans les ténèbres de la barbarie et dans le sang des martyrs! voilà l'Afrique redevenue chrétienne en devenant française! Oui sans doute, et aujourd'hui que nous avons vu surgir de leurs ruines séculaires les évêchés d'Oran et de Constantine, aujourd'hui que nous voyons resplendir aux mains de l'archevêque d'Alger le flambeau de la charité évangélique, et ce digne prélat arracher aux horreurs de la famine, que dis-je? à l'anthropophagie de leurs parents tant de jeunes victimes d'une calamité récente et d'un indolent fatalisme; aujourd'hui que nous retrouvons sur la terre algérienne nos trappistes, nos lazaristes, nos sœurs de la Charité, nos frères des Ecoles chrétiennes, nos sociétés de Saint-Vincent de Paul, sapant à force de bienfaits les derniers fondements de l'islamisme, nous pouvons comprendre que jamais actions de grâces envers le Dieu des batailles ne furent plus légitimes que le *Te Deum* solennel qu'aussitôt après son entrée dans la Kasbah, M. de Bourmont fit chanter dans la grande cour du palais, devant un autel improvisé au moyen de coffres tirés à la hâte des appartements du dey.

Mais, hélas! depuis ce chant triomphal, depuis les joies de la victoire jusqu'à nos jours, que de combats encore contre des indigènes impatients du nouveau joug et qui se croyaient indomptables! que de tâtonnements divers! que de découragements chez nos colons, que tant de difficultés vont circonvenir, que tant d'insuccès attendent, en dépit bien souvent d'un courage infatigable et des efforts les plus persévérants !

Beaucoup de ces malheurs eussent été conjurés, si l'on eût suivi les indications et les conseils que le dey lui-même, touché par la générosité de son vainqueur, donna, peu de jours après sa défaite, à notre général en chef qui venait de l'admettre à sa table. « Débarrassez-vous promptement des janissaires turcs, avait-il dit. Attirez les Arabes nomades par de bons procédés. Ne luttez point contre les Kabyles. Ils n'ont jamais aimé les étrangers, mais ils se détestent entre eux. Divisez-les et profitez de leurs querelles. Quant aux gouverneurs des trois provinces, Oran, Titery et Constantine, il serait très-imprudent de les conserver : comme Turcs et comme mahométans, ils ne pourront que vous haïr. » Malgré leur justesse, ces conseils furent méconnus. Ainsi les janissaires n'avaient été expulsés qu'en partie, et bientôt une conspiration devait éclater dans Alger même, ourdie par ceux des janissaires que l'on avait consenti à y laisser. Quant aux Arabes dont on ne sut pas toujours mériter l'estime et le dévouement, quant aux Kabyles que l'on n'évita pas toujours de heurter de front, quant aux gouverneurs dont on accepta les vaines promesses avec une confiance trop aveugle, de quel prix nous firent-ils payer ces fatales imprudences ! que d'hommes et de millions elles nous coûtèrent !

L'ex-dey d'Alger avait choisi Naples pour sa résidence, et le 10 juillet, jour fixé pour son embarquement, une de nos frégates, *la Jeanne d'Arc*, fut mise à sa disposition. Donc le soir, après le coucher du soleil, Hussein sortit à pied, suivi de ses femmes portées dans des palanquins fer-

més, de sa famille, de ses esclaves marchant sur deux
rangs et gardant le plus profond silence, et, dans ce moment solennel, nul des habitants d'Alger ne vint saluer son
ancien maître, et jusqu'au port sa figure resta calme et
grave, sa contenance noble et digne. Mais dès que, monté
à bord de la frégate, il se vit seul en quelque sorte, sans
officiers, sans gardes, sa famille et ses esclaves à ses
côtés, et autour de lui des canons qui pour la première fois
étaient restés muets à son approche, cette solitude, ce
silence inaccoutumé lui firent sentir la profondeur de sa
chûte, et il se mit à fondre en larmes, les yeux douloureusement fixés sur cette Kasbah, où s'était abrité pendant
douze ans son pouvoir absolu, et au sommet de laquelle
flottait ce drapeau blanc de la France que le drapeau tri-
colore devait si promptement y remplacer[1].

Et, en effet, peu de semaines après le départ d'Hussein-
Pacha, le roi de France Charles X quittait, lui aussi,
sa royale résidence et cinglait, exilé par son peuple, comme
son successeur devait l'être à son tour, vers une terre
étrangère. Cette révolution, qui fit monter Louis-Philippe
sur le trône, fut un malheur pour la colonisation algérienne,
qui n'inspira bien longtemps à Louis-Philippe qu'une
assez médiocre sympathie.

Déjà d'ailleurs, dès les premières semaines qui suivirent
la conquête, l'absence de sytème préconçu, l'insuffisance
d'instructions ou d'ordres officiels, l'irrésolution dans les
commandements, avaient été remarqués par la portion remuante et guerrière des ennemis que nous venions de
vaincre, mais non de soumettre. Les imprudences dont je

---

[1] Après avoir résidé quelque temps à Naples, Hussein alla habiter Livourne;
de là il vint à Paris, puis se rendit à Alexandrie, où il mourut en 1838.

parlais tout à l'heure firent le reste, et bientôt, soit dans une reconnaissance aux environs d'Alger, où le général en chef fut obligé de payer lui-même de sa personne, soit dans les essais tentés le long du littoral du côté d'Oran comme du côté de Bougie et de Bone, il ne nous fut que trop manifestement démontré que la prise d'Alger n'était que le prélude de bien d'autres luttes à outrance, de bien d'autres résistances désespérées, et que le sol africain ne serait réellement à nous que quand nous l'aurions conquis totalement pied à pied.

IV

La chûte de Charles X avait entraîné celle du maréchal de Bourmont. En cédant son commandement à son successeur le général Clauzel, en quittant comme proscrit cette terre d'Afrique, où il venait pourtant d'accomplir ce que Charles-Quint, André Doria et tant d'autres avant lui tentèrent sans succès, cette terre où l'un de ses fils avait été tué par l'ennemi, le comte de Bourmont emportait une douleur de plus, c'était de songer qu'une œuvre si brillamment commencée était bien loin encore de son entier achèvement.

Les premiers soins du comte Clauzel furent consacrés à des détails d'administration et à la réorganisation de notre armée. Réalisant à ce propos une innovation à laquelle son prédécesseur avait mis la première main, il créa deux bataillons d'indigènes empruntés à une tribu kabile, des environs d'Alger, la tribu des *Zouawas*, origine et étymologie de nos *Zouaves*[1], dont les premiers chefs furent les capi-

[1] Les Zouawas sont une tribu, ou plutôt une confédération de tribus kabyles, hommes fiers, intrépides, laborieux, ayant, dans certaines circonstances, loué leurs services militaires aux princes barbaresques et passant pour les meilleurs

taines Maumel et Duvivier[1], qui virent à leur tête ultérieurement Lamoricière, Ladmirault, Bourbaki, Cavaignac,
Canrobert et tant d'autres de nos plus vaillants officiers.

Cependant l'esprit d'insurrection bouillonnait au dehors
et devenait de plus en plus menaçant. En l'absence des pou-
voirs secondaires solidement établis, l'anarchie n'avait pas
tardé à se produire sous toutes les formes. Autour d'Alger,
les fermes et les jardins étaient pillés et démolis ; les biens
domaniaux envahis et dévastés ; les Arabes et les Kabyles,
embusqués à portée de fusil de nos retranchements, tuaient
impunément quinconque s'en aloignait. En même temps,
au sein de ces tribus guerrières dont nos journaux devaient
si fréquemment nous répéter les noms : les Hadjoutes,
tribu barbare jusqu'à la férocité ; les Flittas, retirés comme
dans un repaire dans les montagnes boisées de Beni-Ou-
ragh ; les Ouled-Sultan, les Garabas, etc. ; quelquefois
aussi, au sein des villes, surgissaient des chefs ambitieux,
des marabouts souvent imposteurs[2], aspirant au partage des
lambeaux de l'ancienne Régence. Les uns semblaient re-
chercher notre patronage, mais pour mieux nous trahir ;
les autres, soi-disant défenseurs d'une religion que nous
avions promis de respecter, irritaient contre nous les masses

fantassins de la Régence. Au reste, notre nouvelle milice reçut dans ses rangs
tous les indigènes, montagnards ou hommes de la plaine, ouvriers ou labou-
reurs, Kabyles, Arabes ou Koulouglis. Des officiers et sous-officiers français
furent chargés de les instruire et de les commander.

[1] Après avoir rendu en Afrique les services les plus nombreux et les plus
signalés, Duvivier, devenu général, devait mourir à Paris en 1848, blessé
par les balles françaises des insurgés de juin !

[2] Le marabout est un homme sans caractère sacerdotal, mais remarqué
pour sa piété, possédant plus ou moins les livres saints et de mœurs généralement pures. On en fait un saint après sa mort, et on va l'invoquer dans son
tombeau, nommé *kouba* ou *marabout*.

populaires et l'empereur du Maroc, second chef de l'islamisme ; la plupart travaillaient à s'assurer une complète
indépendance.

Les plus considérables de ces chefs allaient être : dans les
provinces d'Alger et de Titery, d'abord le bey de Titery
lui-même, l'audacieux et redoutable Bou-Mezrag, si
prompt à fondre sur nos détachements dès qu'il pouvait
les surprendre, puis, au moindre danger, se réfugiant
dans l'Atlas, où il se croyait inexpugnable ; à l'est, le
marabout Ben-Aïffa, Ben-Zamoun, le chef de ces puis-
santes tribus des Flittas ou Flistas que je rappelais tout à
l'heure ; dans l'ouest, le marabout de Coléah, Sidi-Mo-
hamed-Ben-Em-Bareh. C'était à Cherchell, le marabout El-
Barkani ; ce furent à Oran, le vieux Hassan ; à Constantine
Ahmed-Bey, et plus tard le faux prophète Bou-Maza. Ce
furent encore partout où il fut possible de chercher à nous
écraser, le maure algérien Sidi-Sadi qui, au retour de la
Mecque, avait visité l'ex-dey Hussen dans son exil, et com-
ploté avec lui un soulèvement général et l'expulsion complète des Français. Ce fut enfin le plus intrépide et en
même temps le plus astucieux et le plus longtemps indomptable de tous, le Jugurtha de notre époque, le célèbre
Abd-el-Kader, qui, pendant plus de quinze années, toujours prêt à déjouer les combinaisons stratégiques les plus
savantes et à nous harceler de ses coups en se dérobant
aux nôtres, sut fixer plus d'une fois l'attention de l'Europe
et inspirer à un égal degré l'horreur pour sa cruauté et
l'admiration pour son génie et pour le charme de sa personne. Bien jeune encore quand il entra en lutte contre
nous, svelte, cavalier comme un numide, Abd-el-Kader
devait offrir le plus singulier mélange de barbarie sauvage

et de courtoisie raffinée. Tantôt inexorable et dur jusqu'à la férocité, tantôt affable et doux jusqu'à la fascination, on a vu Abd-el-Kader, ici, après leur avoir fait subir d'indignes tortures, tranchant la tête à ses prisonniers et immolant sans pitié la tribu qui se refusait à nous trahir ; décapitant un kaïd que nous venions d'établir et ses trois fils ; mutilant tel autre chef, crevant les yeux de tel autre encore, parce qu'il les sait favorables à notre cause ; là, au contraire, accueillant nos parlementaires avec un visage spirituel et charmant, avec des prévenances pleines de politesse et de dignité, les émerveillant par la finesse de son langage, allant jusqu'à leur prodiguer les expansives confidences d'une affectueuse amitié, jusqu'à leur soumettre ses espérances et ses projets. Si tel a pu être sur nous-mêmes, sur nos officiers, quand ils l'approchèrent, le prestige d'Abd-el-Kader ; si le commandant Pélissier a pu dire de lui : « Toute sa personne est séduisante, il est difficile de le connaître sans l'aimer ; » combien cet empire devait-il être plus prestigieux encore sur les Arabes, sur ses coreligionnaires, alors qu'aux manières attirantes et sympathiques de l'homme, s'ajoutaient l'imposante autorité de l'émir et le caractère sacré du marabout !

Arrêtons-nous donc sur ce qu'était dans le principe et sur ce que fit Abd-el-Kader. Son histoire est tellement connexe à celle de notre conquête de l'Algérie, que résumer la première sera presque complétement esquisser la seconde.

V

Abd-el-Kader naquit en 1806 ou 1807, dans la province d'Oran, non loin de Mascara. Son père, Mohhy-ed-Din, désireux de voir, par les mains de son fils, une monarchie arabe restaurée en Algérie, ne négligea rien de ce qui pouvait lui assurer par avance la confiance et le respect de ses compatriotes. Dès l'âge de huit ans, le fils avait accompli avec son père le pèlerinage de la Mecque. Bientôt il acquerrait, par de sérieuses études, toutes les connaissances qui constituent l'érudition chez les Arabes, et on le considérait comme un savant et un lettré, en même temps que le père racontait des visions surnaturelles qui lui avaient prédit la grandeur future de son fils. Déjà même une sourde fermentation s'en était suivie quand le bey d'Oran, en redoutant les conséquences pour lui-même, fit arrêter Mobhy-ed-Din et Abd-el-Kader, qui n'échappèrent au dernier supplice qu'en l'échangeant contre un exil immédiat. Le père et le fils repartirent pour la Mecque, et ils ne rentrèrent dans leurs foyers qu'en 1828, où, par l'austérité de leur vie, ils travaillèrent de nouveau à conquérir l'autorité morale qui devait, deux ans plus tard, leur devenir nécessaire, quand notre conquête de l'Algérie et l'anarchie qui lui succèda parmi les Arabes donnèrent libre carrière à leurs vues ambitieuses. Aussi, vers la fin de 1832, voici notre jeune chef, que sa tribu, la tribu des Haschem, venait de proclamer émir, prêchant la guerre sainte, appelant à la révolte les tribus environnantes, enfin entrant en campagne, attaquant la garnison d'Oran, à la tête de dix mille cavaliers, affrontant le feu de notre artillerie, lançant son cheval contre les boulets et les obus qui ricochaient autour de lui, prodiguant en un mot les actes les plus extraordinaires de bravoure et de sang-froid.

L'année suivante, 1833, dans de sanglantes escarmouches, Abd-el-Kader est battu par le général Desmichels, et cependant son influence, appuyée sur le sentiment religieux et sur la haine du joug étranger, va croissant de jour en jour, et toutes les tribus soulevées contre nous se rangent sous sa bannière; il fait même, en 1834, amener le général Desmichels à traiter avec lui de puissance à puissance. Par ce traité fatal qui le grandit en nous amoindrissant, un véritable royaume lui est constitué, dont la capitale est Mascara. Il est maître de tout le commerce de la province d'Oran, il a le temps de compléter et de dresser ses troupes ; et quand le moment lui semble venu, le voilà qui passe le Chélif, limite de ses possessions, et qui va fondre sur Médéah, dont il s'empare.

Tels furent les préludes religieux et guerriers du redoutable adversaire qui, venant ébranler notre domination mal affermie, devait balancer notre influence en Afrique, y tenir si longtemps en échec la valeur de nos armées, nous faire subir même certaines défaites, témoin la déplorable journée de la Makta (1835), où le général Trézel, entouré par vingt mille cavaliers, ne dut qu'à des prodiges de valeur d'avoir pu battre en retraite et rentrer dans Oran, après avoir laissé sur le terrain son ambulance, ses bagages et huit cents de ses soldats.

Certes, de pareilles taches pour notre drapeau étaient chaque fois promptement effacées, et la honte de ces surprises était plus que compensée par l'éclat de la revanche. Que de pages brillantes nos fastes militaires ne doivent-ils pas à l'intrépidité de nos colonnes africaines ! Combien de nos illustrations guerrières se sont bronzées et ont muri sous le feu de ces combats ! Mais de quels sacrifices avons-nous payé ces glorieuses compensations ! Que de flots de sang français dans les ravins de l'Algérie ! que de deuils et de larmes dans nos familles !....

Comme un phénix toujours prêt à renaître de ses cendres, Abd-el-Kader était à peine dompté d'un côté qu'il se redressait de l'autre, pour s'élancer contre nous avec une ardeur toute nouvelle.

Dès le mois de novembre 1835, quelques mois après la journée de la Makta, le maréchal Clausel et le duc d'Orléans, qui ont voulu venger eux-mêmes notre hon-

neur, partent d'Oran , joignent et culbutent les troupes
régulières de l'émir, malgré la plus vigoureuse résistance,
prennent Mascara et vont s'y loger dans la maison même
d'Abd-el-Kader. Celui-ci •s'est enfui à la hâte; mais réfugié au sein de tribus amies , dès qu'il nous sait retirés , il reparaît. Poursuivi de nouveau et de nouveau
battu, il revient encore, et en 1836 les difficultés de notre
situation sont devenues telles qu'on se demande en France
si nous ne devons pas ou restreindre ou même abandonner
l'occupation de l'Algérie. Au général Bugeaud devait ap-
partenir la gloire de répondre à cette question, de répa-
rer nos échecs, d'obtenir enfin contre l'émir les premiers
succès véritables.

Et cependant tel était encore l'année suivante (1837)
le pouvoir d'Abd-el-Kader, que, voulant s'assurer sa
neutralité, qui lui est nécessaire pour triompher d'un autre
ennemi contre lequel nous venons d'échouer, le général
Bugeaud se voit conduit à renouveler la faute du général
Desmichels. Il traite avec Abd-el-Kader (traité de la Tafna),
lui redonnant une large partie du territoire algérien, une
indépendance presque souveraine et surtout un prestige
qu'il devait si habilement exploiter contre nous. Cet autre
ennemi c'était Ahmed , bey de Constantine , sur lequel
nous reviendrons plus tard, au pied même de ses murailles, dont la conquête (octobre 1837), par ses difficultés
même, devait ajouter une belle page à nos annales algériennes.

Malgré le traité de la Tafna , dès les premiers mois de
1838, Abd-el-Kader reprenait contre nous, en les étendant
jusqu'aux confins de la Mitidja , ses menées insurrection-
nelles. Convaincu par la prise de Constantine qu'aucune

fortification ne pouvait résister à nos armes, il s'était choisi, pour en faire ses places de refuge, des sites escarpés qu'il croyait inaccessibles pour nous : Boghar, Thaza, Saïda et surtout Tekedempt. En même temps il organisait son armée et s'efforçait de copier à cet égard les armées euro-péennes. Il se préparait donc à de nouvelles luttes sans rien oser encore, et l'année 1839 se passa ainsi, dans un calme de sa part plus apparent que réel, en excursions où il était facile, malgré sa dissimulation, de démêler l'intention, de constater ou de consolider son influence, en intrigues ten-dant à exciter les Arabes à la guerre, à les détourner de nos marchés, à leur faire maudire notre autorité. Et ce-pendant l'étoile d'Abd-el-Kader semblait pâlir. Dans la province d'Alger, plusieurs familles maures étaient venues avec confiance s'établir à l'ombre de notre drapeau. Dans la province de Constantine, le réseau de notre puissance commençait à s'étendre ; nous venions d'occuper Djidjelli sur le littoral ; et ce que nulle armée européenne, ce que nulle des armées romaines n'avait osé, nous venions de l'entreprendre sans hésiter, et sans qu'un des lieutenants d'Abd-el-Kader, qui avait cru devoir s'y opposer, pût tenir devant notre cavalerie : nous avions franchi *les Portes-de-fer*. Passage, suivant toute apparence, inabordable pour un corps d'armée avec ses équipages, ses prolonges, ses pièces d'artillerie, etc. ; succession non interrompue de gorges étranglées par des murs calcaires haut de huit à neuf cents pieds, de précipices sans fonds ; de sentiers que plus d'une fois nos sapeurs durent élargir, de pentes à pic, de ressauts infranchissables, et enfin de quatre portes plus ou moins espacées, assez étroites, l'une d'elles du moins, pour qu'un mulet chargé n'y passât qu'avec peine, seules issues pratiquées dans ces murailles naturelles, qui se dressent comme d'immenses cloisons à l'extrémité de cet obscur et formidable défilé.

Dans la province d'Oran, mêmes humiliations pour l'orgueil d'Abd-el-Kader. De nouveaux besoins, l'entraînant sans cesse à de nouvelles exactions, lui ont aliéné là ses plus anciens amis. Ses embarras s'y multiplient, sa puissance s'y affaiblit en voulant s'étendre, et devant ces épreuves Abd-el-Kader n'apparaît plus en personne. Serait-ce qu'un découragement bien légitime l'a réduit à l'inaction? Non, ses munitions de guerre sont épuisées; mais l'empereur du Maroc, mais les Anglais, les Génois et les Toscans lui en fournissent. Préoccupé d'une seule pensée, il appelle incessamment et partout les Arabes à la guerre sainte. Partout il fermente contre nous une sourde agitation; il excite les indigènes à déserter nos villes; ses courriers répandent mille bruits alarmants et prêchent un soulèvement général. Lui-même revenu dans la province d'Oran après quelques mois d'absence, il s'y venge du peu de zèle des uns et de la défection des autres par les plus indignes violences.

Aussi, dès novembre de cette même année, ce ne sont de tous côtés et jusque dans la Mitidja, aux portes d'Alger, qu'embuscades, attaques imprévues, incendies et massacres. Encouragés par des avis secrets d'Abd-el-Kader, les Hadjoutes franchissent la Chiffa, tombent sur nos alliés, égorgent les enfants, enlèvent les troupeaux et les récoltes, rasent ou brûlent les maisons, pillent nos convois et taillent en pièces leurs escortes. Bientôt il est vrai, nous reprenons glorieusement l'offensive. Le 31 décembre, le maréchal Vallée vient d'apprendre que toutes les forces réunies de Médéah et de Milianah sont venues prendre position entre Blidah et la Chiffa, et que l'infanterie régulière de l'émir, soutenue par une nombreuse cavalerie, occupe le ravin de l'Oued-el-Kébir. Sur son ordre, nos troupes gravissent avec impétuosité la berge du ravin, abordent l'ennemi à l'arme blanche, et bientôt trois cents fantassins, bon nombre de cavaliers, trois drapeaux et quatre cents fusils restent sur le terrain.

Dans la province d'Oran, en janvier 1840, le fort de Mazagran est attaqué par le kalifa de Mascara, et, comme nous le verrons, sur les lieux mêmes le brave capitaine Lelièvre déjoue cette attaque. Bientôt après, d'énergiques assauts sont essayés contre un de nos camps, et repoussés plus énergiquement encore par Yousouf; mais à l'instigation d'Abd-el-Kader, les tribus du Djérid s'avancent contre nous et menacent Biskara. En même temps que le khalifa El-Barcani, marabout de Cherchell, est investi par l'émir du commandement de Médéah, le marabout de Mascara, Ben-Tamy, reçoit l'ordre de former un camp de huit mille cavaliers au voisinage d'Oran; Bou-Hameidy, khalifa de Tlemcen, occupe non loin de là deux autres camps d'observation, le khalifa de Milianah prend la direction des Hadjoutes, Ben-Salem, chef de Flittas, est chargé d'envahir la Mitidja pour y porter la dévastation, et le khalifa Ben-Azou a pour mission de pénétrer dans la Medjanah jusqu'à Sétif et jusqu'aux montagnes qui dominent Bougie.

Voilà ce qu'est Abd-el-Kader, voilà comment il est momentanément abaissé. Ce n'est que pour se relever tout à coup plus terrible et plus menaçant que jamais. Ses dernières menaces vont pourtant s'évanouir encore devant le courage de nos soldats. A leur tête, les ducs d'Orléans et d'Aumale, après avoir culbuté les premiers obstacles, poursuivent l'ennemi sans tenir compte de sa supériorité numérique, et bientôt, malgré tous les avantages d'une situation imprenable, ils le refoulent d'échelons en échelons dans les gorges étagées et profondes d'où se précipite la Chiffa ; enfin, par une dernière charge, véritable escalade d'une merveilleuse audace, ils délogent Abd-el-Kader lui-même des sommets abrupts du Mouzaïa.

Ces rudes leçons n'abattront point l'incorrigible adversaire qui a juré notre extermination ; mais elles vont l'amener à se montrer moins intraitable, et il ordonne d'épargner désormais la vie de ses prisonniers. C'était une avance. Le général Bugeaud l'a compris ainsi ; mais ne voulant point se commettre avec une puissance qu'il ne reconnait plus, il laisse le soin à Mgr Dupuch, évêque d'Alger, de négocier la délivrance de nos prisonniers. Ce fut le bey de Milianah qui représenta Abd-el-Kader dans cette mémorable circonstance, et grâce au zèle de notre vénérable prélat, qui ne craignit pas de se rendre presque seul au milieu des Arabes, cent trente-huit Français recouvrèrent la liberté.

Le général Bugeaud venait de remplacer le maréchal Valée, peu fait pour cette guerre de surprises et de razzias continuelles, et nos opérations contre Abd-el-Kader, en raison même de son interminable résistance, n'avaient pas tardé à recevoir de la vigueur de notre nouveau gouverneur une entraînante impulsion. Ainsi, pour ne citer que les traits principaux de ce drame toujours émouvant et parfois terrible, en janvier 1841, Ben-Thamy, khalifa de l'émir, est rencontré dans la nuit du 12 au 13 par une colonne partie d'Oran, et les hordes qu'il commande sont culbutées et mises en fuite. Au mois de mai suivant, le général Bugeaud en personne part d'Alger pour ravitailler Médéah et Milianah ; son corps expéditionnaire, fort de huit milles hommes, se heurte en chemin contre Abd-el-Kader lui-même, à la tête de dix ou douze mille fantassins, plus dix mille cavaliers. Le duc de Nemours commande notre aile gauche, le duc d'Aumale a sous ses ordres deux bataillons. Les deux frères chargent l'ennemi avec une telle énergie, qu'en fort peu de temps il est repoussé, dispersé, mis en complète déroute.

Bugeaud continue sa marche vers la province d'Oran. Il veut anéantir le prestige et les ressources d'Abd-el-Kader, qui verra là, sous ses yeux mêmes, et sans se décider à combattre, incendier ou abattre Tekedempt, Thaza et Boghar, ces trois forteresses, bien lointaines, et qu'il considérait comme un inviolable abri pour ses trésors,

Leurs ruines fumaient encore, que Mascara nous ouvrait ses portes, et que le village de la Guetna, berceau de la famille d'Abd-el-Kader, était détruit de fond en comble.

L'année suivante, 1842, on respirait dans la Mitidja, et nos troupes, y déposant leurs armes, avaient pu y achever des travaux d'assainissement et poursuivre à travers la coupure de la Chiffa la route de Médéah. Cependant Abd-el-Kader, que l'on peut croire démoralisé, prépare au contraire de nouvelles agressions. Il lève le masque en septembre, reprend l'offensive, s'attache, par de soudaines apparitions, à semer sur son passage l'inquiétude et l'insurrection ; bref, nos espérances de pacification sont ajournées, et une campagne d'hiver est de nouveau décidée.

Dans cette campagne (1842-1843), nos généraux Lamoricière, Gentil, Changarnier, Bugeaud et le duc d'Aumale, manœuvrent avec un ensemble si habilement combiné que l'on finit par croire Abd-el-Kader réduit à une impuissance définitive, quand tout à coup il reparaît dans la vallée du Chélif, et autour de son étendard presque toutes les tribus que nous venions de soumettre de ce côté ouvrent contre nous de nouvelles hostilités et menacent de ramener la guerre sainte jusqu'aux portes d'Alger. On se détermine alors, pour mieux consommer la ruine d'un pareil adversaire, à s'attacher désormais obstinément à ses pas et à paralyser ses moindres tentatives. On croyait y être parvenu : le général de Bar, le général Changarnier, le duc d'Aumale, le général Bedeau, le général Bugeaud lui-même, par des marches que n'avaient pu arrêter ni ouragans dans les montagnes, ni torrents de pluie, ni tourbillons de neige, ni embuscades souvent meurtrières et dans l'une desquelles le gouverneur général essuya six coups de fusil à bout portant, tous ses officiers supérieurs avaient rivalisé de zèle et réduit aux abois le pouvoir expirant d'Abd-el-Kader, quand la plus brillante de toutes ces opérations, la prise de sa smalah par le duc d'Aumale, sembla lui avoir porté le dernier coup. Quel échec, en effet, quelle atteinte à son prestige, quand on sut que toute cette population nomade de douze à quinze mille âmes, ville de tentes couvrant une étendue de plus de deux kilomètres, abritant toute sa famille, ses domestiques, ses richesses, défendue par ses troupes régulières, et attaquée par cinq cents cavaliers seulement, avait laissé entre nos mains environ 3,600 prisonniers, dont 300 personnages de distinction, et parmi le butin les tentes de l'émir, sa correspondance, son trésor, quatre drapeaux, un canon et grand nombre d'objets précieux !

Ce beau fait d'armes couronnait dignement la première

campagne de 1843, une des campagnes les plus décisives,
et qui valut au général Bugeaud le bâton de maréchal, aux
généraux de Lamoricière et Changarnier les épaulettes de
lieutenants-généraux, au duc d'Aumale le même grade et le
commandement de la province de Constantine.

On supposait Abd-el-Kader désormais terrassé. Nouvelle
erreur. D'avril à décembre de cette même année, la province d'Oran est en feu. Nos colonnes dirigées par nos
meilleurs généraux vont l'y poursuivre encore et plus d'une
fois l'y serrer de près; une fois même, après une entière
défaite, il s'en faudra de bien peu qu'il ne reste prisonnier,
et dans une rencontre non moins sérieuse, à la tête des
troupes régulières de l'émir, le plus puissant de ses khalifas,
Sidi-Embarek, tombera mort sur le terrain. Malgré tous
ces revers, Abd-el-Kader, fugitif, errant, abandonné des
siens, ne désertera point la mission qu'il s'est donnée,
et si, par moments, il paraît renoncer à la lutte, ce ne
sera, comme toujours, que pour mieux se disposer à la
reprendre

Ainsi va se passer encore toute la première moitié de
l'année suivante (1844), où les connivences d'Abd-el-Kader
avec l'empereur du Maroc, et ses excitations à la guerre
amèneront le bombardement de Tanger et de Mogador par
le prince de Joinville, et cette mémorable bataille d'Isly
(14 août 1844), qui rappellera tout à la fois et la journée
des Pyramides et les combats de Marius contre les Cimbres,
et dans laquelle, avec 8,500 hommes, le maréchal Bugeaud mettra en déroute 40,000 Marocains.

Après ces glorieux événements, tout fut tranquille à la
surface; Abd-el-Kader, comme effacé, rentra dans l'ombre,
et nous, dans une imprudente sécurité. Car, du côté des

Arabes, ce calme n'était que simulé; les prédications à voix basse des chefs de secte répandaient partout encore une sourde fermentation; et en avril 1845 l'explosion éclata. Un bataillon de chasseurs à pied suivait la route d'Orléansville à Tenez, quand tout à coup une horde de Kabyles vint fondre sur lui, et ce ne fut qu'après deux jours de lutte qu'il réussit à se dégager. Au même instant toute cette contrée montagneuse voisine du Dakra[1] s'agite, se soulève, et en tête de ce mouvement un nouvel adversaire ne tarde pas à se produire. Adepte comme Abd-el-Kader d'une certaine confrérie religieuse, qui sous le nom de *Khovan* (les frères) figure plus ou moins ouvertement dans toute ces insurrections, il se donne pour *le Maître de l'heure*, sorte de messie depuis longtemps attendu, et, comme une chèvre l'accompagne, son intermédiaire soi-disant avec les puissances surnaturelles, on le surnomme *le Père à la chèvre*. Bou-Maza, habile., audacieux, d'une telle activité, que, presque à la fois, il se montre sur plusieurs points différents. Ce nouveau prophète ameute contre nous la tribu guerrière des Flittas et ne tarde pas à livrer au général Bourjolly un combat acharné, en même temps que, de son côté, Abd-el-Kader rassemble autour de lui plus de 20,000 Arabes.

Cette nouvelle insurrection devait être marquée par deux graves événements. Le premier, qui fut l'objet en France d'un blâme immérité, se passa dans une des grottes du Dahra. Dans une de ces excavations anfractueuses et d'une extrême profondeur, s'étaient réfugiés huit cents Arabes environ, hommes, femmes, enfants et vieillards. Le colonel

---

[1] Vaste plaine qui, le long de la mer, sépare la province d'Oran de la province d'Alger.

Pélissier les y poursuit, les somme de se rendre, les menace de les y contraindre par le feu ; leur promettant, dans le cas contraire, qu'ils auront la vie sauve, et à tous nos parlementaires ils ne répondent que par des coups de fusils. Que faire? Un blocus ? mais le temps presse, le colonel a hâte de porter secours au colonel Saint-Arnaud qui l'attend. On coupe alors des fascines de bois vert, on les fait pénétrer dans les fissures du rocher, on y met le feu, après avoir cerné les issues; puis de longues heures s'écoulent, aucun Kabyle ne se montre, et quand la fumée a disparu, on s'enfonce dans la grotte, et on y trouve huit cents cadavres, avec des milliers de chèvres et de moutons, asphyxiés comme leurs maîtres.

Le second malheur fut bien plus déplorable encore. Nous occupions près des frontières du Maroc une petite crique appelée Djemma-Ghazaouat. Menacée par Abd-el-Kader, ou plutôt feignant de redouter sa présence, une tribu voisine envoie demander du secours à Djemma, et le brave lieutenant-colonel qui y commande n'hésite pas, malgré la défense qui lui en a été faite, à sortir avec soixante-deux cavaliers du 2e hussards et trois cent cinquante chasseurs à pied du 8e d'Orléans. C'était le 22 septembre 1845. Bientôt un combat inégal s'engage; Abd-el-Kader est là avec tout son monde; à la première décharge, Montagnac tombe blessé mortellement. En peu d'instants tous les chevaux, presque tous les hommes sont atteints, leurs munitions s'épuisent, le sol est jonché de morts et de blessés. Un vieux régulier d'Abd-el-Kader s'apprêtait même à décapiter le chef d'escadron Courby de Cognord, quand il reconnaît l'officier supérieur aux soutaches de son *dolman*. Emporté au camp d'Abd-el-

Kader, cet officier s'y rétablit et fut rendu à la liberté l'année suivante. Restait encore une compagnie de carabiniers du 8ᵉ. Les Arabes vont fondre sur elle. Mais le capitaine de Géreaux rassemble sa petite troupe, se retire en bon ordre, s'empare du marabout de Sidi-Brahim, qui est à sa portée, s'y barricade, et de là le feu de ses grosses carabines décime les assaillants, dont les plus hardis sont renversés à coups de baïonnettes. Abd-el-Kader, qui dirige le combat, le suspend un moment, et envoie au capitaine français une sommation écrite; il l'engage à cesser une lutte inutile et promet que ses hommes seront épargnés. Ceux-ci ne répondent que par des cris de *Vive le roi!* L'attaque recommence alors plus acharnée que jamais, puis le feu cesse encore. Le capitaine Dutertre, adjudant-major du bataillon, fait prisonnier quelques heures plus tôt, s'avance vers le marabout : « Chasseurs, s'écrie notre nouveau Régulus, on va me décapiter, si vous ne posez les armes; et moi je viens vous dire de mourir jusqu'au dernier plutôt que de vous rendre! » Sa tête tombe aussitôt. Deux fois encore la sommation et le combat sont renouvelés; les rangs de nos braves sont bien éclaircis, mais ceux de l'émir le sont plus encore. Il s'éloigne alors et enveloppe le marabout d'un cordon de postes hors de la portée des carabines et qui ferme toutes les issues. Les chasseurs restent ainsi trois jours sans eau et sans vivres! Enfin Géreaux croit observer que l'ennemi s'est relâché de sa vigilance; il s'élance avec ses hommes (soixante-dix chasseurs portant une dizaine de blessés), fait une trouée à la baïonnette au travers de la ligne ennemie et s'achemine vers Djemma. Les Arabes, frappés de stupeur et redoutant le feu des carabines, suivent à distance. Mais nos soldats, qui déjà touchent au port, découvrent un filet d'eau dans le fond du ravin et se jettent sur la source. En vain Géreaux s'est efforcé de les retenir sur la crète qu'il n'avait cessé d'occuper. Les Arabes saisissent ce moment, s'emparent de la hauteur, et de là ils écrasent les malheureux chasseurs d'un feu plongeant. Géreaux essaie cependant de continuer sa retraite, mais il tombe lui-même pour ne plus se relever; et de toute la colonne qui avait quitté Djemma le 21 septembre, douze hommes seulement y rentraient le 26, aidés par une sortie de la petite garnison que Montagnac y avait laissée, et parmi ces douze hommes le chasseur Lavaissière avait pu seul revenir avec sa carabine, que la duchesse d'Orléans lui échangea contre une carabine d'honneur.

Notre horizon algérien s'était encore une fois assombri. Secondés par le fanatisme religieux, Abd-el-Kader et Bou-Maza avaient propagé la révolte, l'Algérie tout entière semblait obéir à un mot d'ordre mystérieux. Il fallut une fois encore que le maréchal Bugeaud, qui avait cru pouvoir rentrer en France, revînt imprimer à l'ardeur de nos troupes et aux combinaisons stratégiques de leurs chefs une direction plus énergique et plus savante que jamais. Sans vouloir entrer ici dans plus de détails que ce résumé n'en doit comporter, disons seulement qu'avec le maréchal la confiance avait reparu. Le maréchal était résolu cette fois à ne laisser à Abd-el-Kader aucun repos, à lui faire une guerre à outrance, aussi active, aussi tenace que la sienne. Le général Yusuf, à la tête d'une colonne de zouaves et de spahis, fut spécialement chargé de suivre sa piste. Trois fois en effet Yusuf parvint à joindre et à combattre cet insaisissable adversaire, et trois fois, au plus fort de la mêlée, Abd-el-Kader lui échappa, pour aller encore nous desservir ou nous attaquer ailleurs. Nos troupes venaient même, c'était au commencement de 1846, de rentrer enfin à Alger, harassées de fatigue, quand le maréchal apprend qu'Abd-el-Kader se montre en Kabylie. Il fallut se remettre en campagne. Mais les Kabyles avaient été trompés antérieurement par de fallacieuses promesses de l'émir ; sans attendre l'arrivée de nos colonnes, ils l'expulsèrent de leurs montagnes, et notre apparition subite au pied du Djurjura suffit pour le déterminer à courir tout d'une traite jusqu'à Boghar. Là il fut atteint par le colonel Camou qui, après lui avoir dispersé la majeure partie de sa cavalerie, le rejette ainsi mutilé sur la colonne de Yusuf. Celui-ci à son tour s'acharne à sa poursuite, l'accule vers le désert, et bientôt le colonel Renault lui tue ses derniers cavaliers et le force à franchir les frontières du Maroc.

Quant à Bou-Maza, il tenait encore dans le Bas-Dahra quand les colonnes Canrobert et Saint-Arnaud le poursuivent et le cernent de toutes parts. Surpris par nos tirailleurs aux environs d'Orléansville, il reçoit à bout portant une décharge de plusieurs coups de carabine, il a le bras gauche brisé par une balle et son cheval tué sous lui. Cependant il saisit son bras blessé avec ses dents et continue à combattre jusqu'à ce que ses cavaliers l'emportent du champ de bataille, et bientôt il se rend auprès de l'émir pour associer sa destinée à la sienne.

Ainsi se termina cette campagne de 1845-1846, campagne foudroyante, signalée par plus de cent combats, mais qui eut pour résultat la défaite générale et complète de l'insurrection, partout où elle osa se montrer.

L'année qui lui succéda (1847) en fut comme la rémunération et le couronnement. Dès les quatre premiers mois on vit venir à Alger pour demander l'aman : Ben-Salem, ancien khalifa d'Abd-el-Kader ; El-Guéril, un des lieutenants de Bou-Maza ; Ben-Kassem, personnage très-influent de la Kabylie, et à sa suite les chefs les plus notables de la vallée de Sebaou ; enfin Bou-Maza lui-même, qui, accablé de mauvais traitements dans la deïra d'Abd-el-Kader[1], s'était décidé à échanger son impuissante protection contre la nôtre.

Grâce à ces nombreuses et importantes défections, les trois provinces jouissaient alors d'une paix profonde ; tout s'y inclinait devant notre autorité, tout, si n'est pourtant une portion notable de la Kabylie.

Entre Alger et Constantine surgissent, et quelquefois à des hauteurs de plus de deux mille mètres, divers groupes de montagnes, ainsi le Djurjura, les Aurès, les Djabel-Amour, l'Ouarensenis, etc., entre lesquels sont concentrées la plupart des tribus kabyles, race industrieuse, riche de tout ce qui fait la prospérité d'un peuple, indépendante, rebelle, depuis les Romains jusqu'à nous, à toute espèce de domination, guerrière d'ailleurs, et pouvant armer au besoin soixante mille combattants pour défendre les défilés, les gorges et les ravins, remparts naturels de cette contrée. Ce massif nous était presque entièrement interdit. Il nous restait notamment à y conquérir la

---

[1] C'était toute une population flottante et non combattante qui suivait l'émir à distance, ainsi les femmes et enfants de ses officiers, ses blessés, etc. C'était plus que la smala.

route d'Alger à Bougie et celle bien autrement indispensable de Bougie à Sétif.

Le maréchal Bugeaud décida que la Kabylie serait soumise. C'était le complément obligé de son œuvre, c'était un brillant fleuron de plus à la couronne qu'il avait si bien méritée. Je ne dirai pas les nouveaux prodiges militaires de cette merveilleuse expédition, la marche si habilement convergente du général Bedeau, parti de Sétif avec sept mille hommes environ, et du gouverneur sorti d'Alger avec huit mille, les villages des Beni-Abbass, superposés en amphithéâtre sur les pentes abruptes de hautes montagnes, et crénelés comme de formidables redoutes renversés par nos obus, ou escaladés par nos zouaves avec un admirable entrain, enfin, au point central et calminant, Azrou, la plus importante et la moins accessible de ces forteresses, assise sur le plateau d'un piton escarpé, Azrou que l'on ne peut aborder qu'en s'aidant des pieds et des mains, en se suspendant aux broussailles ou en serpentant par un étroit sentier que surplombe le feu de ses murailles et de ses maisons, Azrou qui se croyait inexpugnable et que, par l'audace de leur triple assaut au pas de charge, zouaves, chasseurs d'Orléans et 3e léger devaient si promptement désabuser. Je dirai seulement que le résultat de cette campagne fut la soumission de cinquante-cinq tribus.

Bientôt après, heureux d'avoir fait flotter le drapeau de la France sur l'Algérie tout entière, le maréchal regagnait Bougie, adressait à ses officiers de touchants adieux, et allait, nouveau Cincinnatus, se reposer de ses fatigues sous les paisibles ombrages de sa retraite champêtre d'Excideuil.

Le duc d'Aumale le remplaça comme gouverneur, et, à peine installé dans cette haute position, le jeune vainqueur de la Smala reçut à son tour le prix de la part si glorieuse qu'il avait prise à la conquête de l'Algérie.

Nous avons laissé Abd-el-Kader, vaincu par nos troupes, traqué de toutes parts, réduit à se réfugier sur le territoire marocain. Là, le croirait-on, sa pensée dominante fut bientôt de miner sourdement d'abord ; puis de renverser le trône de l'empereur Abd-er-Rhaman. Déjà même l'influence qu'il avait su conquérir sur les tribus de la frontière, lui avait permis de démasquer ses projets, quand cet excès de hardiesse et d'ingratitude détermina l'empereur du Maroc à agir énergiquement. Après diverses rencontres, un combat à outrance et décisif s'engage. Les pertes sont considérables du côté des Marocains ; mais, écrasé par des forces dix fois supérieures, Abd-el-Kader est obligé de battre en retraite, de rentrer sur le territoire français, où il espère se réfugier dans le sud de nos possessions. Mais le général de Lamoricière veille sur ses mouvements avec trois mille hommes et mille chevaux ; le général Cavaignac, les colonels Mac-Mahon et Montauban gardent toutes les issues ; tous les passages sont infranchissables ; et enfin, à bout de ressources, voyant que toute tentative d'évasion est désormais impossible, le 24 décembre 1847, l'ex-émir se déclare vaincu et se livre lui-même à son vainqueur.

Ce fut une scène qui ne manqua ni de grandeur ni d'une certaine solennité. J'ai dit plus haut qu'en septembre 1845, trois cent cinquante chasseurs à pied et soixante-deux hussards, commandés par le colonel Montagnac, ayant été surpris et presque tous taillés en pièces par Abd-el-Kader, accompagné de toutes ses troupes, les quelques survivants de ce massacre s'étaient retranchés dans le marabout de Sidi-Brahim, et qu'après trois journées d'une défense surhumaine, douze seulement avaient pu regagner Djemma-Gazaouaz. Par une coïncidence bien étrange et que l'on peut dire providentielle, c'est dans les lieux mêmes témoins de cette boucherie que devait s'accomplir, deux ans après, le dernier acte de la vie politique d'Abd-el-Kader en Algérie. C'est au voisinage du marabout de Sidi-Brahim qu'il devait remettre ses armes au général de Lamoricière.

Vers deux heures de l'après-midi, l'émir arriva le premier. Il portait le simple costume arabe : kaïk de laine blanche tortillé autour de la tête avec la corde en poil de chameau, double burnous blanc couvert d'un burnous noir, bottes plissées en cuir rouge et longs éperons. Il montait son cheval gris, maigre et de mince apparence ; sa belle jument noire suivait avec les mulets. Les officiers d'Abd-el-Kader n'étaient pas montés plus brillamment que lui et paraissaient tous blessés. C'était un triste spectacle.

Bientôt le général parut. Quatorze escadrons de chasseurs d'Afrique et de spahis formèrent la haie, et quand Abd-el-Kader s'avança suivi de ses lieutenants et accompagné du général de Lamoricière, les tambours battirent aux champs, et les soldats présentèrent les armes ; on dit qu'alors, devant cet hommage rendu au malheur, l'émir releva un instant la tête. Puis on passa devant le marabout de Sidi-Brahim, et nos officiers saluèrent de leur sabre, les soldats portèrent les armes, les clairons sonnèrent, nos fanions s'inclinèrent. « Qu'est-ce que cela ? » dit l'émir ; et on lui répondit : « C'est en mémoire du courage dont les nôtres ont fait preuve le jour où Dieu te donna la victoire. »

Une heure après on entrait dans Djemma-Gazaouat, où

le duc d'Aumale était venu d'Alger. Avant de paraître devant lui, l'émir laissa ses sandales sur le seuil de la porte et attendit le signal du prince pour s'asseoir. Puis, « J'aurais voulu, lui dit-il, faire plus tôt ce que je fais aujourd'hui ; j'ai attendu l'heure marquée par Dieu. Le général m'a donné une parole sur laquelle je me suis fié. Je ne crains pas qu'elle soit violée par le fils d'un grand roi. — Je ratifierai, dit le prince, la parole du général de Lamoricière, et j'ai l'espoir que le gouvernement du roi lui donnera sa sanction. » Abd-el-Kader remit alors ses armes au jeune gouverneur-général, qui, prenant le pistolet de l'émir, « Ceci est pour le roi, dit-il, » et présentant le sabre au général de Lamoricière, « Ce sabre est pour vous, général, ajouta-t-il, vous l'avez bien gagné. »

Le lendemain, le duc d'Aumale rentrait en ville, après une revue des troupes. Abd-el-Kader vint au devant de lui sur sa jument noire, et, mettant pied à terre, il la lui offrit en disant : « C'est le dernier cheval que je monte ; prends-le, je désire qu'il te porte bonheur. »

Le gouvernement de Louis-Philippe ne crut pas devoir ratifier la promesse de conduire Abd-el-Kader à Alexandrie ou à Saint-Jean-d'Acre. Il fut mené à Toulon avec sa famille et sa suite, composée en tout de quatre-vingt-seize personnes. Enfermé au fort Lamalgue, il y était encore quand éclata la révolution de février 1848. Deux mois après, le gouvernement provisoire le faisait passer dans le château de Pau, où il resta près de sept mois, puis dans le château d'Amboise, où, vers la fin de 1852, Louis-Napoléon, président de la République, lui rendit la liberté, à la condition qu'il irait se fixer à Brousse, ville de la Turquie d'Asie. Abd-el-Kader, après avoir exprimé à Napoléon la plus profonde reconnaissance , visita Paris , y fut accueilli , aux Tuileries , chez les ministres , dans les salons , au théâtre, et même dans nos principales églises, avec la plus vive sympathie , et enfin , le 21 décembre 1852 , il s'embarquait à Marseille sur la frégate à vapeur *le Labrador*, avec toute sa suite.

On sait le reste. Il vécut d'abord à Brousse dans la retraite , jusqu'au tremblement de terre de 1855 , passa alors à Constantinople , puis à Damas , où le courage avec lequel il défendit les chrétiens contre les fureurs meurtrières des Druses , au mois de juin 1860 , lui valut (qui aurait pu l'imaginer avant 1847) ? le grand cordon de la Légion d'honneur.

VI

Comme la révolution de juillet 1830, la révolution de
février 1848 fut encore fatale pour l'Algérie. Elle y fit
rentrer au sein des trois provinces le souffle de la révolte,
et nos malheureux colons virent leur confiance et leur
sécurité tant de fois ébranlées les abandonner de nouveau.

La répression des mouvements insurectionnels fut énergique et rapide; mais elle ne suffit pas pour étouffer le
germe de la résistance qui s'était développé presque partout. Aussi l'histoire de l'Algérie, à partir de ce moment,
n'est plus qu'une succession d'explosions et de compres-
sions, de soulèvements partiels et de razzias, dont je
supprime le détail, pour ne signaler que la prise de
Zaatcha et celle de Laghouat.

Zaatcha (province de Constantine) est une ville des
Zibas. On nomme ainsi une réunion de charmantes oasis,
placées entre le Tell et le grand désert, et qui fournissent
leurs travailleurs, leurs hommes de peine, aux principales
cités de l'Algérie. Ceux-ci, inquiétés par les nouvelles si-
nistres qui leur venaient de France, les répétaient dans les

Zibas en s'empressant de reporter chez eux leur pécule, et le marabout de Zaatcha, Bou-Zian, ancien porteur d'eau à Alger, exploitant contre nous l'agitation qui s'en était suivie, finit, en 1849, par lever résolument l'étendard de la révolte. Le général Herbillon fut chargé de les comprimer. Mais la défense de Zaatcha fut telle, grâce aux jardins, aux palmiers, aux ruelles étroites, au centre desquels cette ville était comme blottie, que toute une division de notre armée resta là plus de cinquante jours en échec, et qu'il fallut un siége en règle, siége fécond en émouvantes péripéties : choléra dans les rangs de notre armée, efforts désespérés de part et d'autre, prodiges de valeur dans l'assaut final ; le colonel Canrobert, suivi de ses zouaves, cheminant à travers un labyrinthe garni de combattants, puis échappant comme par miracle à la mort que toutes les maisons vomissent autour de lui ; enfin le commandant Lavarande, forçant avec la mine le dernier réduit des défenseurs, et là, derrière le large pan de mur qui vient de s'écrouler, cent cinquante personnes, hommes et femmes, apparaissant éperdus, avec Bou-Zian, son fils et sa fille, et bientôt toute cette foule abattue sous une grêle de balles et ne formant plus qu'un monceau de cadavres, affreux dénouement de ce terrible drame, de ce siége si long, si difficile, qui nous coûta quatre-vingts officiers et plus de neuf cents soldats

En 1850, la prise de Narrah, qu'il fallut aussi enlever d'assaut et détruire de fond en comble ; l'occupation de Bouzada, à l'extrême frontière méridionale de la province de Constantine, autre foyer d'insurrection allumé par le marabout Ben-Chabira, furent les derniers retentissements du mémorable siége de Zaatcha. Je ne dis rien de 1851, où,

par le fait de l'aventurier Bou-Baghla (l'homme à la mule),
les échos de la petite Kabylie résonnèrent encore du bruit
de la poudre, et j'arrive à El-Aghouat.

Dans cette petite ville, située sur l'extrême frontière
du Tell et du Sahara, s'était fortifié Mohammed-ben-Ab-
dallah, autre agitateur que le général Yusuf avait été
chargé de poursuivre et de châtier. Le général Pélissier
ne tarda pas à rejoindre Yusuf sous les murs d'El-Aghouat
et prit la direction du siége. La situation présentait beaucoup d'analogie avec celle de Zaatcha, quoique peut-être
avec des difficultés moindres ; mais la rare vigueur du général Pélissier devait triompher promptement de la résistance, qui nous couta cependant plus d'un regrettable
sacrifice. Aussi, avant même le signal de l'attaque, le
général Bouscarren examinait la batterie de brèche qu'il
venait de faire dresser, quand une balle, en lui fracas-
sant le genou, nécessita l'amputation du membre, à laquelle il succomba peu de jours après. Malgré ce douloureux incident, la batterie ouvrit son feu dès sept heures
du matin ; c'était le 4 décembre, et vers dix heures la
brèche était praticable. Aussitôt deux colonnes formées de
zouaves et d'un bataillon du 50ᵉ s'élancent, balaient les
défenseurs de la brèche, se précipitent dans la ville,
atteignent la kasbah d'El-Aghouat, s'en emparent et y
arborent l'aigle du 2ᵉ des zouaves, le premier drapeau
impérial victorieux en Afrique. Du côté opposé, en en-
tendant la charge des zouaves qui succédait aux feux de
la batterie, le général Yusuf enlève les escarpements qui
l'abritent, fait appliquer ses échelles, franchit les murailles avec un élan irrésistible, et en trois quarts d'heure
il amène sa tête de colonne au point central de la ville, de-

venu notre quartier général. Dès ce moment plus de lutte
sérieuse, les fanatiques qui se défendaient encore sont passés
par les armes, mais femmes et enfants sont épargnés. Les
assiégés venaient de perdre plus de sept cents hommes,
et nous cent quatre-vingt-six, tués ou blessés ; mais nous
avions parmi les premiers, un brave général et un autre
officier supérieur, le commandant Morand des zouaves,
et ceux-ci comptaient de plus parmi les morts, le capitaine Bessières, neveu du duc d'Istrie et dont on disait
brave comme Bessières, et parmi les blessés, avec cinq
ou six autres de leurs officiers, le capitaine Manouvrier-
Defresne, entré le premier dans la ville.

Après cette rapide esquisse de notre histoire d'Algérie,
que nous importe si, par intervalles, quelque tribu loin-
taine veut se risquer encore à faire *parler la poudre*, si
quelques mouvements isolés inquiètent pour un moment
nos frontières, si le bruit de la fusillade vient réveiller
les échos de l'Atlas ou même par impossible, ceux du
fort Napoléon[1]? ce ne seront plus là que le dernier soupir
d'une nationalité désormais soumise, et ils ne tarderont
pas à s'éteindre dans les retentissements pacifiques de nos
opérations industrielles.

Derrière nos colonnes expéditionnaires, dans cette Algérie
qu'une double visite de l'Empereur a fait plus que jamais française, le génie de notre civilisation pénètre de jour
en jour davantage, et les Arabes ne tarderont pas à en

---

[1] Cet établissement militaire, la plus important que nous possédions dans
la grande Kabylie, a été élevé en 1857, par ordre du maréchal Randon, au
centre des *Beni-Raten* et relié à Tizi-Ouzou par une route carrossable. Il se
dresse sur un plateau qui domine la mer de plus de huit cents mètres, au lieu
dit en arabe *Souk-el-Arba*. Un grand marché s'y tient le mercredi et plus de
cent maisons s'alignent sur les deux côtés de la route centrale de la citadelle.

apprécier les bienfaits. Partout les routes se dessinent, les mines fouillées par nos travailleurs leur livrent des trésors depuis longtemps oubliés, les villes s'élèvent ou s'agrandissent, la vapeur féconde nos exploitations et supprime les distances.

Mais quelle est autour de moi cette agitation toute nouvelle? quel est ce brouhaba qui vient m'arracher à mes souvenirs, à mes rêves? Pourquoi ces déplacements de colis et de malles, ces soins de toilette inusités, ces voyageurs qui s'entrecroisent et s'appellent, ces longues vues qu'on développe, ces rires et ces éclats de joie sur le pont? Toucherions-nous au terme du voyage? Oui, Dieu soit loué! La terre, la terre africaine, est là-bas devant nous, à l'horizon, et ce triangle éclatant de blancheur et qui scintille au soleil, c'est Alger!

DEUXIÈME PARTIE

Alger et ses environs

I

Mon arrivée à Alger. — Une maison mauresque. — Place du Gouvernement. — Chant des muezzins. — Mon ami L. F. — La cathédrale et autres édifices religieux. — Institutions religieuses : Ben-Aknoun, etc. — Promenade aux environs d'Alger. — La grande mosquée d'Alger. — Le rhamadan.

Alger, vu ainsi de face, offre une charmante perspective. Sa rade, les milliers de barques qui la sillonnent ; ses navires de guerre dont les pavillons flottent au vent ; sa double jetée, qui l'enserre comme deux bras immenses, l'un de sept cents et l'autre de plus de douze cents mètres, et son importante ceinture d'artillerie qui défie toute attaque ; au-dessus et le long de la mer, assis sur des docks voûtés et gigantesques, un large boulevard dit de l'Impératrice, dont les hautes maisons dessinent une courbe qui n'aura pas moins de trois kilomètres ; les autres étages en gradins et se détachant comme un amphithéâtre d'un blanc de chaux, encadré de massifs de verdure, et que domine au loin cette chaîne de montagnes inégales qui se nomme le grand et le petit Atlas : tout cet ensemble constitue, je le répète, un très-brillant panorama.

Mais voici qu'avant même notre débarquement toute une population de rameurs, flottante, empressée, tapageuse, avec force gestes, cris, sollicitations de toute sorte, vient amonceler autour de notre *Charlemagne* une flotte de batelets rivaux, qui se bousculent, qui s'entrechoquent, qui se disputent nos personnes, nos bagages. Leur costume est nouveau pour nous, et nouveau leur langage ; la plupart ont des visages de nègre et des bras d'Hercule.

J'ai fait choix de l'un d'eux, et, sur ses pas, je gravis, tout émerveillé de cette métamorphose, non plus, comme à mon voyage antérieur, la rue de la marine, mais un magnifique escalier, et j'arrive sur la place du Gouvernement, au milieu de laquelle se dresse encore la statue équestre du duc d'Orléans, mais qui n'a plus, hélas! sa Djonina, récemment démolie, ce palais turc où depuis le XVIe siècle jusqu'en 1817 résidèrent tous les pachas d'Alger. Je ne veux, pour mon séjour ici, d'aucun des splendides hôtels qui m'environnent, et je vais me fixer au coin d'une rue voisine dans une maison plus modeste. Je la préfère, parce qu'elle est mauresque et parce que non loin d'elle s'élève la principale mosquée d'Alger, avec son haut minaret. Grâce à ce choix, un peu de couleur locale me rappellera, Dieu merci, que je suis en Afrique.

Hélas! quelques instants après, je l'oubliais en dînant. J'avais eu le bonheur, en me rendant à la vallée, de descendre deux étages de galeries à jour superposées, et, m'accoudant sur leurs balustrades, gracieusement découpées, j'avais savouré la fraîcheur et le léger gazouillement d'un jet d'eau qui, au rez-de-chaussée, retombait dans une vasque de marbre ; j'avais admiré les carrelages divers et artistement combinés qui tapissaient la petite cour intérieure et les parois de notre escalier ; j'aimais jusqu'au demi-jour que des voiles extérieurs ne laissaient venir à nous que soigneusement tamisé. J'étais en Orient. La table d'hôte, les lithographies qui déparent les murailles, les propos des convives ne tardent pas à m'en faire sortir. Je devais heuseusement y rentrer la nuit suivante. J'avais achevé ma soirée sur la place du Gouvernement et sous les arcades des deux grandes rues qui s'en détachent : la rue de Bad-el-Oued d'un côté, la rue de Bab-Azoun de l'autre ; et, dans cette excursion encore, si je n'eusse rencontré quelques vieux Maures qui, leur lanterne à la main, se dirigeaient gravement vers la mosquée, quelques Mauresques plus rares encore, voilées de blanc des pieds à la tête et qui cheminaient comme des fantômes, avec une négresse derrière elles ; au milieu de la foule éminemment française qui me pressait de toutes parts, au bruit mélodieux des marches guerrières et des valses les plus récentes qu'exécutait, sur la place du Gouvernement, la musique d'un de nos régiments de ligne ; aux éclats de voix qui s'échappaient des cafés-concerts du voisinage ; à la lumière étincelante des becs de gaz et des somptueux hôtels qui resplendissaient de tous côtés, j'aurais pu me croire en plein Paris.

Je m'étais couché péniblement impressionné, me demandant si c'était bien la peine de traverser la mer, d'échanger l'Europe contre l'Afrique pour y retrouver nos toilettes tapageuses et nos usages monotones, quand soudain un bruit étrange vint m'éveiller. Je prête l'oreille, et il me semble que c'est comme un chant aérien, comme un dialogue de voix alternatives qui s'appellent et se répondent, comme des modulations d'une harmonie bizarre qui planent sur la ville et descendent jusqu'à moi. C'est qu'en effet ces chants avaient pour point de départ le minaret de ma mosquée, et que de là, au sein de la nuit, des muezzins rappelaient à leurs fidèles qu'il était l'heure de la prière et que la nuit même tout autant que le jour nous devons à Dieu l'hommage de nos pensées. Décidément je n'étais plus en France ; je me rendormis consolé.

Les jours suivants me réservaient bon nombre de ces contrastes. On en rencontre un peu partout en Algérie, mais surtout à Alger, que notre civilisation et trop souvent notre génie militaire transfigurent de jour en jour en le dépouillant de son cachet. C'est un désappointement pour le touriste ; pour l'artiste c'est une douleur. J'ai partagé ce regret, et puis j'ai songé que ce mécompte au point de vue du pittoresque n'était pas sans compensations, et qu'à tout prendre, l'Afrique avait assez gagné à devenir française, même à ce prix, pour ne pas trop gémir sur ce qu'elle a perdu.

C'est ce qu'allait me démontrer, dès le lendemain de mon arrivée, un de mes amis d'enfance, M. L. F., fixé en Afrique depuis près de quinze ans, avec l'épouse modèle qui fait le bonheur de sa vie ; bon chrétien d'ailleurs et colon non moins intelligent que laborieux, auquel la papeterie doit l'ingénieuse idée d'utiliser à son profit certaines plantes, comme le palmier-nain, et à l'obligeance duquel je devrai moi-même un certain nombre des détails qui vont suivre.

Sous sa conduite, parcourons d'abord les établissements religieux, les principaux bien entendu, d'Alger et de ses alentours. Et d'abord, visitons la cathédrale.

La cathédrale d'Alger, Saint-Philippe, comme le sont ici la plupart des autres monuments consacrés au culte catholique, est une ancienne mosquée. Je comprends, en principe, cette appropriation. Rome chrétienne en fournirait plus d'un exemple, ainsi son Panthéon. Il est cependant bien rare, à mon avis, que les regards et le recueillement des fidèles n'aient pas quelque peu à souffrir de ce genre de transformation ; il est rare que la couleur originelle ne reparaisse pas sous le badigeon. Saint-Philippe était primitivement une belle mosquée ; en dépit, ou mieux par le fait de tous les remaniements, de tous les agrandissements, de tous les agencements nouveaux, ce ne sera jamais qu'une cathédrale de médiocre valeur.

Ces réflexions me paraissent également applicables à l'église Notre-Dame des Victoires, à l'église Sainte-Croix, etc., anciennes mosquées aussi, dont la première fut construite au xvıe siècle par Ali-Bitchenin, un des plus audacieux corsaires algériens.

C'est dans la cathédrale que reposent les restes vénérables du bienheureux Géronimo. Ce maure, converti au christianisme, n'ayant pas voulu renier sa foi, fut jeté vivant dans une caisse à pisé, par l'ordre d'Ali-Pacha, le 18 septembre 1569, et inhumé de la sorte dans l'épaisseur d'un fort, alors en construction, à l'extrémité de la rue Bal-el-Oued. Vingt-quatre heures s'étaient écoulées

entre la condamnation et le supplice. De là.sans doute,
suivant l'hypothèse d'un de nos savants, M. Berhrugger,
le nom de *Fort des Vingt-Quatre-Heures*. En décembre
1853, on démolit le fort en question, et le squelette du
saint martyr fut retrouvé. Le 28 mai 1854, on le trans-
porta en grande pompe dans la cathédrale d'Alger.

Je ne dis rien de l'église des Jésuites ni de celle des
Lazaristes; ce sont de simples chapelles. Je les nomme
seulement, parce que si maintenant j'ajoute que les sœurs
de Saint-Vincent de Paul, les sœurs de Saint-Joseph, les
sœurs de l'Espérance, les dames du Bon-Pasteur ont des
maisons à Alger; que, depuis un temps plus ou moins
long, les frères des Écoles chrétiennes et les sociétés de
Saint-Vincent de Paul et de Saint-François Régis y ont
transporté leurs bienfaisantes institutions, et qu'il existe
encore bien d'autres fondations pieuses que je signalerai
chaque fois que nous les rencontrerons, on verra que notre
sainte religion a maintenant sur le sol algérien de bien nombreux représentants, précieux missionnaires qui, par une
propagande d'autant plus efficace qu'elle est essentiellement charitable et désintéressée, révèlent au peuple
vaincu la supériorité religieuse de son vainqueur, et
l'acheminent insensiblement à franchir la distance qui
sépare le Coran de l'Evangile.

A ce point de vue, deux établissements méritent une
mention toute spéciale. L'un est un pensionnat de jeunes
musulmanes, fondé par une dame française, et dans lequel
plus de cent élèves de quatre à dix ans apprennent la
langue française, l'arithmétique, la géographie, l'histoire,
sans oublier les travaux de couture, de broderie et de
tapisserie. L'autre est l'orphelinat de Ben-Aknoun.

En 1842 ou 43, un père jésuite, le père Brumauld, créa, sur la route d'Alger à Blida, dans une propriété rurale nommée Ben-Aknoun, une maison d'apprentissage destinée spécialement aux orphelins de nos colons, et qui devait avoir plus tard pour annexe un ancien camp de Bou-Farik.

Ces deux établissements ont donné naissance à deux autres analogues : l'un à Misserghin, province d'Oran ; l'autre à l'Edough, province de Constantine. Dans tous les quatre, l'éducation, dirigée par les frères des Ecoles chrétiennes, a pour objet de fournir à la colonie des agriculteurs éclairés et des catholiques dignes de ce nom.

On comprend que, sous ce double rapport, nos bons frères ne pouvaient manquer de légitimer la confiance de l'administration supérieure. Mais ce qu'on a oublié peut-être, c'est le courage, c'est l'énergie qu'il fallut au père Brumauld pour mener à bien, avant que sa compagnie le rappelât en France, l'œuvre qu'il avait conçue. Bien des épreuves l'attendaient au début. Un jour, entre autres, il dut courir chez le général Bugeaud et lui dire les larmes aux yeux : « Monsieur le gouverneur, mes trois cents enfants vont mourir de faim, si vous ne venez à leur aide ! » Et deux heures après, le père Brumauld revenait suivi de deux prolonges de l'armée chargées de pains de munition.

Les temps ont changé depuis lors. Les enfants de Ben-Aknoun ne sont plus menacés de mourir de faim ; mais rend-on toujours aux dignes frères qui les instruisent toute la justice qui leur est due ? et quand, tout dernièrement (printemps de 1868), l'archevêque d'Alger, Mgr Lavigerie, fit admettre à Ben-Aknoun douze cents orphelins

arabes environ, pour les soustraire à l'anthropophagie de
leurs parents, dont une invasion de sauterelles avait dé-
voré les récoltes, trouva-t-il, pour l'accomplissement de
cette œuvre éminemment philanthropique, tout le concours et tout l'appui qu'elle méritait?

Plus près d'Alger que Ben-Aknoun, qui en est distant
de près de huit kilomètres, le même archevêque vient de
fonder un hospice pour les vieillards. Il s'élève à mi-côte,
dans une vallée délicieuse; de frais ombrages l'abritent de
tout côté, et ses fenêtres ouvrent partout sur la mer. Ce
seront, je crois, les Petites-Sœurs des pauvres qui seront
appelées à le desservir.

Enfin, sur les hauteurs de la Bou-Zaréa, non loin de
la chapelle de Notre-Dame d'Afrique et de la résidence
d'été de l'archevêque, ancien consulat de France, un petit
séminaire, analogue à celui de la rue Notre-Dame des
Champs à Paris, offre aux parents qui tiennent à ce que
leurs enfants soient élevés dans la foi, les précieuses
ressources d'une éducation chrétienne. Le séminaire proprement dit est situé à Kouba, qui possède en outre une
maison pour les orphelins, dite de la Sainte-Enfance,
et une église dont la haute coupole s'aperçoit de très-
loin [1].

[1] Au moment où je retrace ces souvenirs, j'apprends que, pour réaliser
les intentions du Saint-Père, Mgr Lavigerie va fonder encore un séminaire
spécial de missionnaires qui, à l'imitation des missionnaires français en
Chine, s'initieront au genre de vie des Arabes et des autres peuples de
l'Afrique, et iront s'établir de proche en proche dans le désert qui s'étend
depuis le sud de l'Algérie jusqu'au Sénégal, d'une part, et dans le pays de
l'or et des nègres, d'autre part. Ces missionnaires formeront de véritables
stations apostoliques qui s'efforceront de communiquer les unes avec les
autres. Ce seront là les véritables pionniers de la civilisation européenne et
chrétienne.

Tous ces détails venaient de m'être donnés sur les lieux mêmes par l'ami dont j'ai parlé, et, dans la promenade que nous avions faite ensemble, s'étaient succédé sous nos yeux bien des sites, bien des localités qui m'avaient vivement intéressé.

Sortis d'Alger par la rue Bab-el-Oued, nous avions traversé la large place de ce nom, où le fort des *Vingt-Quatre-Heures* est aujourd'hui presque entièrement remplacé par un arsenal d'artillerie. Nous avions remarqué sur notre gauche le futur lycée d'Alger encore inachevé, triste remplaçant, au point de vue pittoresque, d'une charmante fontaine, ombragée d'un palmier, que les artistes ont bien des fois reproduite.

Nous nous étions longtemps reposés dans le jardin Marengo, promenade élégante, où s'épanouissent palmiers, cactus et plantes grasses de toute espèce, et que décorent des fontaines, des kiosques, et, comme perspective, la jolie mosquée d'Abd-er-Rhaman. Cette mosquée est plus curieuse, plus richement ornée et presque aussi ancienne que la grande mosquée d'Alger. C'est dans son enceinte que repose, parmi beaucoup d'autres célébrités ou pachas, le dernier bey de Constantine, le cruel Ahmed, qui, après avoir déposé les armes, s'était retiré à Alger, doté par notre gouvernement, bien magnanime envers lui assurément, d'une pension annuelle de douze mille francs, et qui y mourut deux ans après.

Nous avions ensuite visité l'hôpital du Dey, gracieux séjour jadis, avec les mutilations qu'il a subies, et dans lequel, sous des voûtes encore parées de quelques vestiges de leur ornementation orientale, au milieu des bananiers, des aloës et des orangers, circulent nos médecins mi-

litaires, nos infirmiers et nos convalescents. C'est non loin
de là que plongent aujourd'hui les cables du télégraphe
électrique qui fait communiquer la France et l'Algérie.

Enfin, par le village de Saint-Eugène, dont mon ami
L. F. fut un des premiers fondateurs, nous avions gagné
les sentiers qui montent en serpentant jusqu'au sommet
de la Bouzaréa.

La Bouzaréa est une montagne haute de 400 mètres,
c'est le belvédère des environs d'Alger. Aussi, des différentes cimes que l'on peut gravir, quels magnifiques pano-
ramas! Tous les environs d'Alger sont vraiment d'un aspect
enchanteur. Ils rappellent, avec leur cachet oriental de
plus, la côte de Provence et ses charmantes bastides. Il
semble que l'un des bords de la Méditerranée ait voulu
copier l'autre et qu'ils rivalisent ensemble de fraîcheur et
de beauté.

Ainsi, du point où nous sommes, nous avons sous nos
yeux le riant village de Saint-Eugène et les innombrables
villas qui se sont groupées à l'entour et les *corricolo* qui
y conduisent; nous avons la mer avec les voiles triangu-
laires des barques de pêcheurs qui s'y balancent; nous
apercevons bien loin sur notre droite jusqu'au cap Matifou,
à notre gauche la pointe Pescade, et jusqu'à la presqu'île de
Sidi-Ferruch où notrs armée débarqua, jusqu'à l'abbaye
des Trappistes de Staouëli, jusqu'au bivac des indigènes
près duquel on raconte encore que plus tard un bataillon
du 20° de ligne fut surpris et égorgé tout entier, enfin plus
près de nous la cité Bugeaud et le village de Cheraga, où
périt l'un des fils du général de Bourmont, dans le combat
qui suivit la bataille de Staouëli.

Nous revinmes par El-Biar, suite de maisons, de bou-

tiques , de villas et de fermes , et parmi celles-ci je distingue
sur une hauteur l'ancienne ferme Fruitié devenue couvent
du Bon-Pasteur, utile établissement , destiné , soit à main-
tenir les jeunes filles dans la voie de la vertu, soit à y
ramener celles qui s'en sont écartées. Je m'arrête ensuite à
contempler le fort *l'Empereur*, dont , le 4 juillet 1830, les
Turcs, avant de se retirer , firent sauter la poudrière et où
le général de Bourmont reçut la capitulation du dey
d'Alger.

Il était trop tard alors pour visiter la Kasbah ; mais en re-
gagnant mon hôtel je vis que le minaret de la grande mosquée ma voisine était décoré d'une oriflamme blanche et
illuminée, et que les fenêtres de la mosquée elle-même
étaient brillamment éclairées. Je me risquai donc à y suivre
les fidèles croyants qui s'y rendaient plus nombreux que
d'habitude. Comme eux, avant d'entrer, je laissai mes
chaussures au dehors; puis , sans procéder, ainsi qu'eux ,
aux ablutions d'usage , je pénétrai dans l'intérieur. Il y
avait fête , chants et prières solennels , à l'occasion du rhamadan. Le rhamadan est le carême des musulmans. Pendant quarante jours ils se privent de nourriture et même de
la pipe tant que le soleil est sur l'horizon : à six heures un
coup de canon leur annonce que le soleil est couché : alors
on illumine mosquées et minarets ; on fume, on mange
jusqu'à la nuit et souvent même avec excès. La quarantaine se termine par des danses et des réjouissances de
tout genre.

Le grand muphti assistait à la prière du soir, récitée
par son iman. Ce dernier répétait à haute voix, sur un
rhythme de lamentation , des versets du Coran, entre
lesquels le muezzin intercalait sur un autre ton je ne sais

quelle phrase terminée par le salut *Salam-Aleï-Koum* ; et puis chacun, en chantant aussi, se prosternait et se relevait de trois à neuf fois de suite. Certains des assistants semblaient prier à part, accroupis, à genoux, prosternés par moments la face contre terre, ou se redressant les bras croisés.

Quant à moi, effacé dans un coin de l'une des trois hautes nefs du monument, j'admirais ses galeries supérieures, ses ogives aigues, ses colonnettes, ses arceaux, et jusqu'aux lampes qui, suspendues à la voûte, ne dissipaient qu'imparfaitement les ténèbres de cette mosquée, la plus vaste en même temps que la plus ancienne d'Alger, puisqu'elle paraît remonter au xe ou xie siècle.

Les jours suivants, la pluie survint et m'obligea d'ajourner les excursions au dehors que j'avais projetées. J'utilisai ce repos forcé en étudiant ce que fut Alger et ce qu'il est aujourd'hui.

Histoire d'Alger. — La ville actuelle. — Un bain maure. — Sacrifice des
nègres. — Encore les environs d'Alger. — Ma visite à Staouëli,

D'après un écrivain nommé Solin qui vivait au iiie siècle,
écrivain peu sérieux il est vrai, un des nombreux Hercules
dont les anciens nous racontent les exploits, celui sans
doute qui, parti d'Egypte, parcourut une partie de l'Afrique, Hercule l'Egyptien ou le Libyen, passant sur le point
du littoral où se trouve aujourd'hui Alger, fut abandonné
par vingt hommes de sa suite qui fondèrent là une ville.
Pour la dénommer, ils convinrent de prendre tout simplement le mot exprimant le nombre de ses fondateurs. Or
Eikosi, en grec, signifie vingt ; de là le nom d'*Icosium*,
nom que citent en effet quelques auteurs romains. Les premiers habitants d'Icosium auraient donc été des Libyens,
lesquels, si obscures que puissent être ici comme partout
les périodes historiques les plus anciennes, paraissent avoir
constitué en Afrique, avec les Gétules, deux races bien
distinctes dans le principe, mélangées ultérieurement, et
qu'auraient continuées, d'un côté les Numides et les
Maures, de l'autre les Berbères et les Kabyles.

A l'époque chrétienne, Icosium eut des évêques, ce qui
du reste ne suffisait pas à établir son importance, les évêques n'étant pas dans la primitive Eglise ce qu'il sont de-

venus depuis. Du temps des Vandales, Icosium fut pris, démoli, puis rétabli. Quand les Arabes envahirent l'Afrique, ou mieux la Tunisie actuelle, c'était une peuplade berbère, la peuplade de Beni-Mezranna, qui était établie à Icosium, et les tribus de la Mitidja venaient y trafiquer avec les marchands d'Hippone, de Césarée et de Carthage. Mais au x° siècle Icosium était apparemment réduit à peu de chose; car Bologguin, fils de Ziri, ayant été autorisé par son père à fonder trois villes, fonda en effet Miliana, Médéa et El-Djezaïr, c'est-à-dire les îles, nom qui lui fut inspiré par des ilots groupés devant ce qu'aujourd'hui nous appelons Alger, ilots que les travaux des Turcs ont fait disparaître depuis. Quant aux ruines d'Icosium, disparues bien long-temps par suite du développement de la ville d'abord arabe puis de la ville turque, elles devaient être retrouvées de nos jours lors des fouilles nécessitées par la fondation de l'Alger français.

Depuis Ziri, Alger subit le contrecoup de toutes les ré-volutions qui bouleversèrent cette partie du littoral afri-cain et que j'ai résumées plus haut; Alger fut même, nous l'avons vu, le siége principal de la piraterie et le fléau de l'Europe. Et cependant, grâce à son admirable situation, grâce à son climat privilégié, elle n'avait pas tardé à deve-une cité enchanteresse, dont le savant voyageur, le Maure de Valence, Abou-Mohammed-el-Abdery, disait au xiii° siècle : « C'est une ville qu'on ne peut se lasser d'admirer et dont l'aspect enchante l'imagination. Assise au bord de la mer, sur le penchant d'une montagne, elle jouit de tous les avantages de cette position exceptionnelle, elle a pour elle les ressources du golfe et de la plaine. » — « On peut voir en Orient, dit un écrivain moderne, M. X. Marmier, beaucoup de villes construites dans le genre d'Alger, maisons carrées en forme de dé, façades blanchies à la chaux, galeries à terrasses; mais je n'en connais pas une qui présente, comme celle-ci, une masse si imposante de constructions, si serrée et si compacte, qu'on la dirait taillée d'un seul bloc dans une carrière de marbre. »

Et maintenant pénétrons au sein de cette carrière, bien écornée, bien effondrée çà et là; parcourons ce qui reste encore de ces rues de l'ancien Alger, étroites, montueuses, escarpées quelquefois, et alors quel spectacle étrange et bizarre! quel mélange pittoresque et divertissant de l'animation européenne, de sa vitalité exubérante, de sa mobilité continue, avec l'impassible gravité des races orientales! de nos habitudes élégantes, de nos modes capricieuses, avec cette immobilité dans les usages et cette simplicité antique dans les costumes, qui nous font songer aux époques patriarcales !....

Nous venons de quitter de magnifiques hôtels, de larges voies à arcades, de vastes places inondées de lumières, avec restaurants à la carte, marchandes de modes et coiffeurs, omnibus et diligences; nous entrons dans des ruelles tortueuses et sombres, dont les maisons à un étage, sans fenêtres au dehors, semblent s'arc-bouter par en haut pour mieux abriter les passants contre le soleil et la pluie et se prêter, en cas de tremblement de terre, un mutuel secours. Ici nous voyons un jeune Maure, dévidant ses bobines de soie, debout sur son comptoir, dans la pose gracieuse d'un danseur napolitain; là c'est un barbier indigène qui, au fond d'un bouge enfumé, ouvert à tout venant, rase entre ses genoux le crâne de son client, tandis qu'une dizaine d'autres, en attendant leur tour, accroupis sur la tablette qui environne la pièce, fument un chibouk ou boivent leur café ; plus loin c'est le boucher dans son échoppe mal tenue, avec sa marchandise en menus morceaux étalés en guirlandes ; le fruitier dans son excavation à fleur du sol, moitié rez-de-chaussée, moitié cave, avec ses bottes de légumes, son lait aigre, ses balais en palmier-nain, son huile rance et ses lanternes de papier, etc., et tous, les jambes croisées, ou même à demi couchés, agitant gravement leur éventail (habanico), pour chasser les mouches ou se rafraîchir, ou même égrenant leur chapelet et marmottant leurs *salamalek* quand arrive l'heure de la prière.

Et dans ces rues, si resserrées soient-elles, dans celles surtout qui avoisinent l'Alger moderne, quelle affluence de monde et quelle variété de types et de figures dont nulle autre capitale ne saurait donner une idée ! Ici ce sont des nègres, ou mieux des *biskris* (de Biskara), portant à deux, et souvent au galop cadencé de leurs jambes fléchissantes quoique vigoureuses, de lourds colis que soutient un bâton horizontal pliant sous le poids ; là c'est une Mauresque, fantôme ambulant glissant le long des murs avec sa longue tunique qui dissimule toutes ses formes et son long voile qui lui masque le visage sauf les yeux ; c'est le Maure, au riche costume, aux jambes nues ; c'est l'Arabe de la plaine, drapé avec dignité dans un lambeau de burnous ; le Juif, à la veste de couleur sombre et au turban noir[1] ; la Juive, au corps mince qu'enserre un étroit fourreau de soie, et que suit un enfant aux cheveux

---

[1] Sous la domination turque, les Juifs, opprimés de toute façon, furent contraints de porter des habits d'une couleur sombre ; ils en ont conservé l'habitude.

roux⁻, à la calotte chargée de sequins¹ ; c'est une caravane de petits ânes passant partout, entrant partout, et que chasse devant lui, avec des cris sauvages, un jeune *bouri-cotier*, à califourchon sur le dernier d'entre eux, dont il fait saigner le flanc de son bâton vertical et pointu. Voilà ce qui va, vient, passe, repasse, circule, sans fin ni cesse, dans les vieilles rues de la ville primitive.

Le palais du gouverneur et surtout l'archevêché me réservaient à l'intérieur même couleur locale, même élégance dans les détails, même richesse dans l'ensemble, même distribution, que j'avais admirées sur une moindre échelle dans la maison que j'habitais, et bien mieux encore dans plusieurs habitations particulières dont mes lettres de recommandation m'avaient ouvert les portes.

Mais la Kasba, pauvre Kasba, maintenant bien dégradée? Et bientôt, dit-on, deux larges rues viendront s'épanouir sur ses décombres ! On y retrouve à peine aujourd'hui quelques restes des temps passés, quelques rares et incomplets souvenirs de son ancienne splendeur. Cependant, de ce qui fut sa plate-forme, on domine encore tout Alger et cette succession de terrasses qui descendent vers la mer. Sur plusieurs d'entre elles j'apercevais : ici un Maure enveloppé dans son kaïck et sommeillant ; il cherche sans doute à endormir la faim qui le torture ; là des Mauresques non voilées, apparition fugitive ; car, à peine aperçues, les voilà qui rentrent bien vite, en appelant à elles une gracieuse gazelle, leur compagne d'esclavage.

Les Juives mariées sont coiffées d'un *sarmah*, cône de laiton d'une longueur exagérée, adapté presque horizontalement à la partie postérieure de la tête. Cette coiffure, ou du moins une coiffure analogue, fut en usage en France, au moyen âge.

Un bain maure avait assaisonné pour moi l'une de ces matinées consacrées à étudier la ville, d'une émotion qui n'avait pas été sans charme. J'étais entré dans une étuve, on m'y avait étendu presque nu sur une dalle assez fortement échauffée. Quand le mozabite, mon baigneur, m'avait trouvé suffisamment ruisselant et cuit à point, il m'avait arrosé d'une eau relativement fraîche; puis, avec l'aide d'un camarade, il m'avait massé, pétri, pressé sous ses genoux, frictionné, étrillé, brossé, savonné, parfumé, empaqueté enfin de deux ou trois burnous et mené sur un lit de repos pour y fumer ou dormir.

Voilà ce qu'est un bain maure, et on sort de là délassé, rafraîchi, rajeuni si l'on veut. Je me méfierais cependant de cette contrefaçon orientale de la fontaine de Jouvence. A force de rajeunir de la sorte, il me semble qu'on pourrait bien ne vieillir qu'un peu plus tôt.

La semaine ou plutôt les deux semaines suivantes, — sauf deux jours où le sirocco, ce vent brûlant du désert, vint appesantir mes sens, me jeter dans une torpeur maladive, m'interdire toute fatigue, et je dirais presque jusqu'au moindre exercice —, favorisé constamment par un beau ciel et par une chaleur supportable, je diversifiai de mille façons mes excursions et mes études. Que de promenades aux alentours de la ville, et qu'il est aisé de les varier à l'infini! J'ai parlé de Bab-el-Oued; retournons une fois encore de ce côté de la ville. Je veux que mon lecteur y assiste à un certain sacrifice. Je ne parle pas, Dieu m'en garde, de la décapitation, confiée maintenant sur la place Bel-el-Oued, non plus au yatagan d'un Arabe, mais au tranchant plus sûr du triangle d'acier imaginé par Guillotin. Non, gagnons le bord de la mer entre Alger et Saint-

Eugène, et si c'est un mercredi matin, négresses, enfants, maures, serviteurs chargés de poules, nous serviront de guides. Nous voici sur la plage, près de ce qu'on nomme *Sebâ-Aïoun* (les sept fontaines).

Là résident apparemment de bons et de mauvais génies, et les musulmans aiment à invoquer les premiers, à conjurer les seconds. Les négresses sorcières, diseuses de bonne aventure, les *guezzanates*, en un mot, vont leur servir d'intermédiaires et de sacrificateurs. Une négresse allume un réchaud, y fait pétiller des grains d'encens ou de benjoin, dont la personne intéressée vient respirer la vapeur; puis les poules destinées au sacrifice sont égorgées et lancées sur le sable. Si, avant de mourir, elles ont pu, moitié voletant, moitié roulant, gagner la mer, la réussite est certaine. Dans le cas opposé, tout est à refaire. Quelquefois les poules sont remplacées par un mouton, voire même par un bœuf. C'est alors un nègre qui immole la victime, et cette fois elle meurt sur place; on la dispense de se jeter à l'eau.

Les négresses non sorcières sont généralement servantes, surtout chez les Mauresques; elles sont baigneuses pour les femmes, à qui les bains maures sont réservés de midi à six heures; elles sont boulangères ambulantes, etc. Quant aux nègres ! — amour du contraste — ils blanchissent les maisons; ils sont marchands de chaux, fabricants de sparterie, et, à l'occasion, manœuvres, terrassiers et portefaix.

En dehors de leurs occupations, les nègres ont comme le monopole du tapage officiel. Dans les fêtes musulmanes et dans les nôtres, ils parcourent les rues, gambadant, au son assourdissant de la grosse caisse, du tamtam et des *karakob* (castagnettes de fer); puis ils stationnent sur les places publiques, pour y exécuter des rondes sans fin, dont ils marquent la mesure avec des bâtonnets qu'ils frappent en cadence au-dessus de leurs têtes.

Du côté de la mer symétriquement opposé à celui où nous étions tout à l'heure, les nègres encore et les négresses ont un autre lieu de rendez-vous. Chaque année, c'est aussi un mercredi, quand la plante qui donne les fèves commence à noircir, ils viennent se réunir pour y célébrer l'*Aïd-el-Foul*, la fête des fèves, pres d'une koubba à demi enfoncée dans le sable, la koubba de Sidi-Belal. Qu'est ce Belal? Peut-être Belus, ou Baal, ou Bel, ce dieu que les Phéniciens importèrent en Afrique. Toujours est-il que, après une prière empruntée au Koran, dont ils ne doivent la connaissance qu'aux musulmans, revenant à un cérémonial qui est sans doute de leur pays natal, ils égorgent un bœuf dont la tête est orné de fleurs et de foulards, puis des moutons et des poulets, au milieu de danses et de chants. La manière dont meurent les victimes inspire à ces aruspices noirs leurs pronostics heureux ou malheureux; puis hommes et femmes reprennent leurs danses avec une telle ardeur, que bientôt après, tout ruisselants de sueurs, ils se précipitent dans la mer, d'où leurs compagnons ont souvent grand'peine à les retirer. La fête se termine en mangeant les victimes assaisonnées de fèves et en se livrant à de nouvelles danses avec accompagnement de leur tapage habituel.

Cette fête se passe tout près du *Jardin d'Essai*. Ce jardin, pépinière du gouvernement, réalise merveilleusement la réunion de l'utile et de l'agréable. Créé en 1832, sur un terrain de cinq hectares qui est maintenant huit fois plus étendu, en dehors des cultures d'essai, de quatre mille variétés de plantes et d'arbres cultivés, il livre annuellement à la colonie près de deux cent mille pieds d'arbres. Il a de plus des serres chaudes, une magnanerie et, si mes souvenirs ne me trompent pas, les premiers éléments d'une future ménagerie.

C'est en outre une des plus agréables promenades des environs d'Alger. En face de lui se trouve le *Café des Platanes*. C'est un café construit en dôme, sur lequel de magnifiques platanes déversent l'ombre et la fraîcheur, et qui se prolonge jusqu'à une fontaine arabe, où viennent se désaltérer ânes et dromadaires, tandis que leurs maîtres dégustent, sous le dôme voisin, le moka grossièrement moulu mais éminemment savoureux, dont se délectent les indigènes et, tout autant qu'eux, les Européens.

Cette charmante fontaine est aujourd'hui à peu près tarie; il fallait bien désaltérer toute la ville basse d'Alger et le boulevard de l'Impératrice.

C'est sur l'emplacement du jardin d'Essai que le 15 octobre 1541 Charles-Quint fit commencer le débarquement de ses troupes; et huit jours après, le 31, il recueillait les débris de cette armée sur ceux de ses vaisseaux qu'avait épargnés l'affreuse tempête du 26 et que Doria venait de rallier non sans peine à Matifou.

Si, comme je le fis un jour, nous partons d'Alger de bonne heure, nous pourrons visiter Matifou. Nous traverserons Hussein-Dey, où le dernier pacha d'Alger possédait une maison de plaisance; puis, sur la plage, un petit cimetière musulman, où dorment deux-cents Turcs, enterrés là en 1775, après une nouvelle défaite des Espagnols; puis l'Harrach, torrent en hiver, desséché en été;

la Maison-carrée, caserne sous les Turcs, poste d'observation sous les Français ; le joli village de Fort-de-l'Eau fondé
en 1850 et habité par des Mahonais, excellents maraîchers; celui de la Rassauta, non loin duquel sont les ruines
romaines, phéniciennes peut-être, de l'antique Rusgunia,
et enfin nous serons au cap Matifou, à cette extrémité droite
de l'immense bassin dont l'extrémité gauche est la pointe
Pescade, et nous irons reprendre la route d'Alger en passant par Kouba, qui de sa position élevée domine toute la
rade, et Birkadem, ou *le puits de la négresse*, riche agglo-
mération de fermes et de villas arabes et françaises, avec
une fontaine mauresque, autrefois jolie, et une église dédiée,
je crois, à sainte Philomène.

Si, plus modérés dans notre ardeur de touristes, et voulant ménager nos jambes, nous sommes venus en omnibus, moyennant quarante centimes, à ce jardin d'Essai
qu'on ne peut se lasser de voir, regagnons Alger à pied, et
alors, Birmandrais dont le vallon et les restaurants font les
délices de la population algérienne ; la colonne Voirol et
son magnifique panorama; Moustafa supérieur, où s'étagent
une foule de charmantes villas ; Moustafa inférieur, sur
une route bordée de jardins ; l'Agha, où lors de mon premier voyage, je fus reçus par Jusuf dans une ravissante
maison de campagne ; enfin le champ de manœuvres,
champ de Mars et hippodrome d'Alger, où j'assistai en
1844 près du maréchal Bugeaud, qui arrivait d'Isly, à
une fantasia arabe donnée en son honneur: voilà en deux
mots quels seront les principaux détails de ce nouvel itinéraire. J'omets à dessein, comme tache dans le paysage,
bien rachetée du reste par son utilité, la courbe de fer et
la locomotive à l'écharpe de fumée qui, en serpentant au

bas des pentes accidentées dont nous venons de parcourir les sinueuses ondulations, nous emporteront nous-mêmes avant peu d'Alger jusqu'à Blida.

Avant ce petit voyage, qui pourrait bien être le prélude d'une assez longue excursion, allons visiter nos bons Trappistes de Staouéli.

Lorsque, en 1830, l'armée française eut débarqué a Sidi-Ferruch, elle vit l'armée algérienne qui l'attendait, campée sur un large plateau verdoyant et arrosé par un certain nombre de sources. C'est sur ce plateau, nommé *Staouéli*, que fut livré le 19 juin le combat sanglant qui nous assura la possession de l'Algérie. C'est là que treize ans plus tard sur un lit de boulets et d'obus, les Trappistes venaient fonder un établissement agricole; c'est là que, sur un autel de gazon, ils débutaient en implorant le Seigneur et pour le succès de leur entreprise et pour le repos des braves dont le soc de la charrue allait peut-être remuer les ossements. Les premiers défrichement furent laborieux; mais grâce aux aumônes, grâce à l'infatigable activité de R. P. François-Régis, les obstacles s'aplanirent, et le désert de Staouéli subit une merveilleuse transformation. Une abbaye, une ferme, des ateliers, un moulin à farine, un nombreux bétail, de belles plantations d'arbres, des vignes étendues et fécondes, les cultures les plus diverses : voilà ce qu'est aujourd'hui cette colonie agricole, si remarquable, si utile, et par les secours qu'elle distribue aux alentours, et par les exemples qu'elle donne à tous, pauvres ou riches, de résignation et de patience, d'amour du travail et de charité.

Quand on a franchi la porte d'un avant-corps dont l'entrée est interdite aux femmes, on aperçoit, abritée par

un beau groupe de palmiers, la statue de Notre-Dame de
Staouéli, vocable de la Trappe. Quant à l'abbaye, elle a
pour centre un jardin qu'entoure un cloître à deux rangs
d'arcades. La chapelle, la cuisine, le réfectoire, les dortoirs
pour cent trappistes et l'infirmerie sont d'une excessive
simplicité. Le strict nécessaire, pas davantage. Et puis
des inscriptions sur les murs telles que celle-ci : *S'il
est triste de vivre à la Trappe, qu'il est doux d'y mourir !*
Bien des Trappistes savent maintenant par expérience la
valeur de cette divine consolation ; car dans le cimetière,
qui n'est pas loin, déjà les tombes sont fort nombreuses !

Je sortis de la Trappe profondément impressionné, et
non sans m'être approvisionné de médailles et de chapelets.

Le soir même, la pureté du ciel et les conseils de mon
ami L. F., qui m'offrait de me conduire à Médéa par Blida,
me décidèrent à quitter Alger le lendemain matin, pour
une tournée de quelques jours.

III

Voyage à Blida . — Route ancienne. — Chemin de fer actuel. — Blida — Fête des tabernacles. — Légende arabe. — Le tombeau de la Chrétienne. — Koléa. — Gorges de la Chiffa. — Médéa.

En 1844, pour aller à Blida, j'étais parti de bon matin en voiture, par la porte Bab-el-Oued ; j'avais gravi lentement, par de longs zigzags, le chemin du fort l'Empereur ; j'avais traversé Dély-Ibrahim, colonie d'Alsaciens alors toute récente, puis Douéra, beau village déjà doté d'une église ; puis la Mitidja, plaine immense, d'une magnifique étendue, splendidement encadrée par l'Atlas, parsemée de maisons crénelées, de murailles à demi écroulées ou noircies par le feu, de blockhaus, de citadelles mobiles, de pierres ou de croix funéraires, tristes souvenirs des nombreuses luttes dont la Mitidja fut le théâtre ; j'y avais vu, je me rappelle, des *gourbys*, tentes misérables, de couleur noire, comme épatées sur le sol, abritant les débris de familles, ou de tribus peut-être, décimées par nos guerres ; et puis je rencontrais de longues files de chameaux qui alternaient avec les troupeaux de bœufs de nos colons et des fermiers de Bou-Farik.

Bou-Farik était un village naissant à peine, aux abords marécageux ; les poules y picoraient dans les rues. On y trouvait pourtant l'auberge qui *loge à pied et à cheval*, et l'estaminet avec sa *bière de mars* et son *noble jeu de billard*. Après Bou-Farik, s'était offert à nous, dernière station avant Blida, Béni-Méred, plus jeune que Bou-Farik dont il semblait la miniature, et, entre les deux, on m'avait signalé la place rendue fameuse, trois ans avant, par le beau fait d'armes du sergent Blandin. Ce brave sergent venait de partir de Bou-Farik, le 11 avril 1841, escortant la correspondance d'Alger à Blida. Il avait avec lui seize hommes d'infanterie de son régiment — le 26e — un sous-aide-major et cinq chasseurs d'Afrique à cheval. Tout à coup trois-cents Arabes fondent sur eux, sommant le sergent de se rendre. Un coup de fusil fut sa réponse, et notre petite troupe forma le carré ; mais bientôt les balles de l'ennemi y creusent de nombreux vides, et le sergent tombe un des premiers, en criant : « Défendez-vous jusqu'à la mort ! » Bref, des vingt-trois hommes, cinq seulement étaient debout quand un galop de cavalerie ranime leur courage. De l'abreuvoir de Bou-Farik, le lieutenant Joseph de Breteuil et ses chasseurs avaient entendu la fusillade, et, sans autre arme que leur sabre, ils s'étaient élancés à fond de train et jetés dans la mêlée. Les Arabes ne tardèrent pas à prendre la fuite, et, peu de temps après, une même ordonnance décorait de la croix d'honneur les cinq compagnons d'armes de Blandin et le jeune officier qui les avait sauvés.

Pour me rendre à Blida, cette fois, je gagne le quartier Bab-Azoun, je prends le chemin de fer, dont les stations vont être : Hussein-Dey, la Maison-carrée ; le Gué-de-Constantine, petit village baigné par l'Harrach, au confluent de plusieurs routes, et Bou-Farik. Que de charmants points de vue, mais surtout que d'étonnantes transformations, quels merveilleux développements de tout ce qui, lors de mon premier voyage, n'était qu'en germe ou à l'état naissant! Plus de blockaus, plus de murs crénelés ou démantelés par le canon et par le feu, plus de croix sépulcrales, plus de sombres souvenirs; mais dans cette féconde Mitidja, déjà prodigue et riche d'espérances, moissons abondantes, luxuriantes prairies, vergers fertiles, exploitations prospères, villages multipliés ou agrandis. Bou-Farik assaini ne compte pas moins de quatre mille âmes; Béni-Méred, plus de six cents, et sur sa place principale, une fontaine surmontée d'un obélisque éternise la mémoire du sergent Blandin et de ses vingt-deux frères d'armes.

Blida n'est pas restée en arrière dans ce mouvement, et plus que jamais c'est une petite ville délicieuse. Coquettement assise au pied de l'Atlas, qui la protége contre les feux du midi et qui verse largement à ses orangeries et à ses fontaines les eaux intarissables de ses sources, elle a, depuis longtemps, vu se fermer toutes ses blessures; elle a redressé ses murailles, reconstruit ses maisons qu'à mon premier séjour j'avais vues striées par nos balles et parfois même effondrées par nos obus; et puis, comme elle sait que jadis les écrivains arabes eux-mêmes l'avaient surnommée *la petite rose*, *la parfumée*, *la ville des plaisirs faciles*, elle a voulu se réhabiliter par le travail, et elle s'est mise à nous cueillir les olives de son *bois sacré*, tant de fois rougi de sang français, et les oranges de ses jardins qui maintenant sur nos marchés rivalisent avec celles de Valence.

Blida n'a pas moins de huit mille habitants. On y

trouve trop de constructions éminemment françaises, trop
peu de ces jolies maisons mauresques avec galeries et cour
plantée de vignes et d'orangers qu'on y admirait jadis, et
moins encore de ces petites rues bordées de boutiques et
de cafés algériens que des treilles verdoyantes abritaient
du soleil et au-dessus desquelles s'élançaient, de distance
en distance, de minces et gracieux minarets. Les musulmans y ont cependant leurs mosquées, les catholiques
leur église presque neuve, et les israélites leur synagogue.

Ces derniers, quand j'arrivai, célébraient une de leurs
fêtes, la fête des tabernacles. Sur les terrasses de leurs
maisons ils avaient construit des cabanes avec des roseaux
entrelacés de lauriers-roses et des mouchoirs de couleur.
Enfermés là, en famille, ils chantaient sur un ton monotone des versets hébreux. C'est généralement alors le pa-
triarche de la famille qui tient le livre et qui donne le ton.
Les autres suivent, puis s'arrêtent pour s'embrasser,
pour boire, dans le même verre, un certain liquide jaune;
ensuite ils se balancent, rechantent, reboivent et s'em-
brassent encore, et tout cela pendant plusieurs heures;
après quoi ils se mettent à table et mangent, toujours
enfermés dans leurs cabanes. Voilà ce qu'est la fête des
tabernacles, à Blida du moins et à Alger. Ces jours-là
femmes et enfants se parent de leurs plus beaux atours;
et quand vient le samedi, jour de sabbat, ils redoublent
de mouvements, j'allais dire de grimaces, et chantent
jusqu'au point du jour, en envoyant de terrasse en terrasse leur éternel *you, you!* cette singulière expression
de la joie féminine en Algérie.

Mon ami L. F. m'avait accompagné à Blida : une affaire
l'appelait à Médéa, et nous nous y rendîmes ensemble.

Le lendemain donc, presque au lever du soleil, nous étions à cheval, et à peine avions-nous pris la route qui coupe en ligne droite les vergers arrosés par l'Oued-el-Kébir, et les belles cultures de la Mitidja, que mon ami appela mon attention et mes regards sur les derniers contreforts du petit Atlas que nous longions et sur les méandres de la petite rivière qui en descend, et puis tout en cheminant, il me raconta ce que je vais redire :

« C'était en 1845, année mémorable, dans les fastes de l'Algérie, par l'enthousiasme illimité, pour ne pas dire l'enivrement, qui s'empara de nous, pauvres colons, tant de fois déçus, alors qu'à la suite de la bataille d'Isly et des dernières défaites d'Abd-el-Kader, tous les peuples d'Europe nous semblèrent enfin décidés à déverser dans notre colonie le trop plein de leurs populations. On parlait de doter Blida du chemin de fer qui fonctionne aujourd'hui; mais on voulait avant tout lui assurer la possession de l'eau qui l'alimente, détournée trop souvent et récemment encore par la tribu dont les douairs sont échelonnés le long de ses bords. Or cette tribu, les Beni-Salah, venait d'être soumise. Pour étudier le trajet et les sources de la petite rivière en question, un ingénieur soutenu par une forte escorte et guidé par le scheick d'une tribu voisine allait partir. Je l'accompagnai, tenté moi-même d'acquérir, pour une de mes exploitations, un moulin arabe que l'une des chutes de l'Oued-el-Kébir mettait en mouvement. Ce fut une de mes plus intéressantes explorations. Nous nous enfonçâmes dans une vallée, ou plutôt sous un berceau de lauriers-roses de deux kilomètres de profondeur et dont la silencieuse continuité n'était interrompue, de distance en distance, que par le retentissement de délicieuses cascades tombant de rochers en rochers. A mi-chemin, le vieux scheick, notre guide, voulut nous montrer son pauvre douair, misérable amas de gourbys blottis sous des broussailles et dont les habitants n'avaient pour dormir que des lits de feuillage et de fleurs de laurier-rose encore fraîches ; mais il voulut nous montrer surtout le tombeau d'un fameux marabout, Sidi-el-Kébir, mort il y a mille ans environ et qui repose à l'ombre d'oliviers non moins anciens que lui. Puis, quand nous arrivâmes aux sources que nous allions chercher, notre bon vieillard à barbe blanche crut devoir nous en révéler l'origine : — Quand le grand marabout Sidi-Kébir vint ici, nous dit-il en langue sabire, il n'y trouva pas d'eau. Que fit-il ? De son bâton il toucha trois fois la pierre, et l'eau jaillit. — J'avoue, ajouta mon ami, que cette contrefaçon du récit mosaïque affirmée avec une foi si sincère et si naïve et en pareil lieu me frappa singulièrement. »

Plus loin, ce fut apparemment l'une des heures de la prière pour les musulmans, et nous vîmes dans un champ, comme je l'avais observé quelques jours avant dans une boutique d'Alger, deux Arabes qui tombaient à genoux, se prosternaient, croisaient les bras et levaient les yeux au ciel, sous nul souci des passants. Et mon ami me disait encore à ce propos : « De peur d'irriter le fanatisme musulman, les premiers gouverneurs d'Algérie surveillaient avec défiance toute manifestation de l'esprit catholique ; c'était mal connaître les Arabes. « Vous n'êtes que des chiens.... Tu ne pries jamais Dieu ! » disait Abd-el-Kader à l'un de ses prisonniers. Le maréchal Valée, mieux inspiré que ses prédécesseurs, ne craignit pas de laisser voir aux Arabes que la France avait sa religion : il encouragea la fondation des églises, il accueillit les ministres et protégea les institutions de la charité chrétienne ; et cette politique, au lieu d'invenimer la guerre, en adoucit les rigueurs et les cruautés. La soumission aux Français parut moins dure aux vaincus depuis qu'ils purent admettre que Dieu n'avait pas choisi des athées pour leur imposer une domination nouvelle. »

Tout en devisant ainsi, nous avions franchi, sur un pont large et solide, la Chiffa, torrent parfois impétueux qui se précipite en bouillonnant des gorges auxquelles il a donné son nom. Avant de nous engager au sein de leurs sauvages et admirables escarpements, nous jetâmes un long regard sur la belle vallée que nous allions quitter, sur les nombreux villages, sur les petites villes même dont elle est parsemée. Nous revîmes, mieux que de la Bouzaréa, la presqu'île de Sidi-Ferruch, dite aussi de Torre-Chica ; nous contemplâmes surtout le tombeau dit *de la Chrétienne* et Koléa.

Le tombeau de la Chrétienne, monument conique d'une blancheur qui le fait distinguer de fort loin, a été le sujet de bien des fables. Les recherches les plus récentes établissent que ce monument, situé sur la côte, entre Alger et Cherchel, fut la sépulture d'une famille de rois maures, ou que ce pourrait bien être tout spécialement celui de Syphax, comme *Medr'acen* fut celui de la famille de Massinissa. Son nom paraît dû à une imposte formant une croix, d'où la légende d'une chrétienne inhumée là.

Koléa, que j'avais visitée à mon premier voyage, est une petite ville charmante et qui, pour les musulmans

9

algériens, est une espèce de Mecque, où ils viennent
en pélerinage à la mosquée et à la koubba de Si-Embarek
dont les descendants sont regardés comme les protégés
de Dieu. C'est même à ce titre que, pendant la dernière
guerre, Ben-Allal-ben-Embarek avait été nommé par
Abd-el-Kader son khalifa (lieutenant) à Miliana. Au reste
il devait justifier cette confiance par plus d'un trait de
bravoure, et ce ne fut qu'en novembre 1843 que se
termina son aventureuse carrière. Il commandait alors
dans la province d'Oran les derniers bataillons réguliers
d'Abd-el-Kader. Cerné de toutes parts, il voulut vendre
chèrement sa vie : d'un coup de fusil il tue un brigadier
du 2e chasseurs d'Afrique ; d'un coup de pistolet il abat
le cheval du capitaine Cassaignoles aujourd'hui général ;
d'un autre coup de pistolet il blesse un maréchal des
logis de spahis qui venait de lui frapper la tête d'un
coup de sabre. Dégarni alors de son feu, il venait de
mettre le yatagan à la main, quand le brigadier Gérard
le tua d'un coup de fusil. Il fut inhumé à Koléa dans la
koubba des Embarek.

Aujourd'hui, comme à Blida, le vieux mur d'enceinte
de Koléa n'existe plus ; les rues, jadis tortueuses, couvertes
de vignes, ont fait place à des rues bien alignées, bordées de maisons européennes. Adieu le pittoresque ! La
mosquée de Sidi-Embarek à été convertie en hopital, la
koubba seule a été respectée. Le *jardin des zouaves*, au
bas de la ville, est tout à la fois une orangerie et un joli
jardin anglais. Les ruisseaux qui le sillonnent vont se
jeter plus bas dans le Mazafran, dont nos annales militaire ont bien des fois redit le nom.

Après la halte qui m'avait valu tous ces détails, nous

abordâmes la gorge de la Chiffa, où rien ne devait nous manquer de tout ce qui fait la sublime horreur des merveilles de ce genre, où l'art lui-même semble vouloir, par ses prodiges, rivaliser avec la nature. Chemin sinueux, serpentant au milieu d'oliviers, de lentisques, de thuyas, de genêts, d'érables, de chênes-liéges, d'où notre approche fit s'envoler, je me rappelle, un magnifique gypaète, et où nous vîmes un singe en liberté sauter de branche en branche avec des cris aigus[1]; route aérienne, creusée bien souvent par la mine aux flancs de parois verticales dont l'une est l'Aïn-Télassi et l'autre le Mouzaïa; précipices vertigineux, torrents et cascades, violent orage enfin, et, presque aux termes de cette rude montée, les dernières pentes, dites du Nador, pentes argileuses, détrempées par la pluie, d'où glissades et chutes de cheval, sans conséquences fâcheuses, Dieu merci..... Voilà en quelques mots le résumé des impressions que nous a laissées notre ascension à Médéa.

Un de mes amis, président de chambre aujourd'hui dans une de nos grandes villes de France, m'a raconté qu'alors qu'il remplissait à Alger les fonctions de procureur-géné-

---

[1] Les singes sont et surtout étaient dans les premières années qui suivirent la conquête, fort nombreux dans cette partie de l'Atlas. A propos de celui que nous venions d'apercevoir, mon ami L. F. me raconta que, dans un de ses voyages aux mines de cuivre du Mouzaïa, son compagnon et lui, ayant été, au moment de déjeuner sur l'herbe, obligés de courir à la recherche d'un de leurs chevaux, avaient eu le désappointement de voir, en revenant, une troupe de singes qui se sauvaient en emportant le déjeuner. « Une autre fois, ajouta-t-il, bien loin du Mouzaïa, à la Calle, je trouvai, en rentrant dans la chambre de mon hôtel, tous mes effets bouleversés. Je commençais à me croire dévalisé par un voleur, quand, de ma fenêtre, restée ouverte pendant mon absence, j'aperçus un gros singe qui, perché sur un toit voisin, me regardait en grimaçant. »

ral, il avait eu la bonne fortune de visiter sous sa tente
Abd-el-Kader déjà célèbre. L'invitation lui en avait été
faite par le consul qui représentait Abd-el-Kader auprès
de notre gouverneur-général. C'était en 1837, sans doute
pendant l'armistice qui succéda au traité de la Tafna, ce
traité qui eut pour effet de grandir singulièrement notre
adversaire aux yeux des indigènes et d'amener par suite
la longue lutte des années ultérieures. Donc Abd-el-
Kader avait son consul à Alger, et, quant à lui, il résidait
non loin de nous, à Médéa, sous sa tente de campe-
ment. C'était alors un beau jeune homme, mince encore,
élancé, svelte et brillant cavalier, lui que les progrès
de l'âge devaient sensiblement alourdir par un notable
embonpoint. Mon ami, qui s'était fait suivre d'un jeune
avocat, reçut d'Abd-el-Kader un gracieux accueil. Abd-el-
Kader se fit expliquer les fonctions de ses deux visi-
teurs, et il répondit que le premier remplissait un beau
rôle, celui de Dieu dont la justice nous gouverne; « quant
au second, je ne comprends pas, dit-il en souriant,
comment les Français ont besoin qu'on parle pour eux,
quand ils ne parlent déjà que trop par eux-mêmes. »
Puis il les congédia en leur faisant remettre comme présents, au procureur général un burnous brun, et à
l'avocat un petit âne.

C'est alors que pour un touriste il faisait bon de
visiter la vieille cité arabe de Médéa. Riche d'annales
historiques qui remontent jusqu'aux Romains, fièrement
posée sur un plateau incliné dont le sommet domine le
niveau de la mer de plus de neuf cents mètres, désaltérée
par un aqueduc à double rang d'arceaux, l'ancienne ville,
avec sa kasba, ses mosquées, ses minarets, était belle

de tout ce charme des villes d'Orient si recherché par les artistes. Ce charme est presque nul aujourd'hui. Des constructions françaises s'y sont élevées de toutes parts; des places et des rues éminemment modernes l'ont éventrée en n'y laissant d'arabe que ce qui ne dépassait pas l'alignement régulier; la kasba, au sommet de la ville, a fait place à une caserne et à un hôpital; et moi, qui revoyais Médéa, après vingt ans il est vrai, je m'y reconnaissais à peine. C'était alors le général Marey qui en était gouverneur, et je me souviens que chez lui nous attendait une de ces surprises qui ne sont guère possibles qu'en Algérie. *Sultan*, un lion en liberté, habitait l'écurie où il vivait en fort bonne intelligence avec les chevaux du général, et nous avions pu l'y caresser sans danger, tandis qu'un lynx nommé *Tortillard*, solidement enfermé, s'agitait dans sa cage et lançait contre nous des regards furibonds. Nous avions aussi rencontré à Médéa l'évêque d'Alger; c'était alors Mgr Dupuch, venu pour donner la confirmation à quelques jeunes colons.

Cette fois une rencontre toute différente m'y attendait: celle d'un ancien zouave, fixé depuis dix ans à Oran, où son état de restaurateur avait assez bien prospéré pour lui permettre de se payer au besoin le luxe d'un voyage d'agrément. Invité par son frère, cultivateur aux environs de Médéa, à venir assister au mariage de sa fille, dont il était le parrain, mon brave avait, le matin même, embrassé frère, belle-sœur, nièce et neveu, et devait dès le lendemain regagner par terre son restaurant qui, géré pendant son absence par des mains mercenaires, ne laissait pas que de le préoccuper. Il tenait pourtant à revoir en passant, dans les environs de Miliana, quelques

anciens camarades d'armes, puis Miliana elle-même, l'une
des étapes les plus mémorables de sa vie militaire.

Cette occasion fut pour moi déterminante. Je ne verrai pas, comme j'avais projeté de le faire pendant les
opérations commerciales de mon ami L. F..., à Médéa,
Teniet-el-Hâd avec ses forêts de chênes et de cèdres
gigantesques ; mais, tout en traversant d'abord une portion intéressante de la province d'Alger, je visiterai ensuite
la partie principale de la province d'Oran.

Donc, dès l'aube du jour, le lendemain, je prends
congé de l'ami que je retrouverai à Alger, puis, accom-
pagnés d'un jeune Arabe qui ramènera nos mulets, nous
quittons Médéa.

IV

Le ciel était redevenu splendide; les pentes du Nador
étaient séchées; cette route sauvage qui nous avait
semblé bien longue, quand, vers la fin de la montée,
il nous avait fallu la gravir laborieusement au bruit du
tonnerre et fouettés par la pluie, nous la descendîmes
rapides et joyeux, et allâmes déjeuner à Mouzaïaville,
au sortir des gorges de la Chiffa.

En attendant que la diligence vînt nous y prendre,
j'allai visiter près de là les ruines romaines d'El-Had-
jeb, où des fouilles dues au hasard ont fait découvrir
quelques bas-reliefs déposés au musée d'Alger et l'inscription tumulaire de l'évêque Donatus, tué dans la
guerre des Maures et inhumé là, l'an 493 de notre ère,
sous le règne d'un roi vandale. Puis la diligence venant
de Blida se fit entendre; nous nous installâmes sur son
impériale, pour mettre pied à terre, deux heures après,
à Bou-Rkika. Je n'avais noté, dans ce court trajet, que
Bou-Roumi et El-Affroun, deux colonies agricoles de 1848,
et près de la seconde, l'*Oued-Djer*, dont le mince filet

d'eau, torrent en hiver, va former, en s'adjoignant à la Chiffa, la rivière du Mazafran.

A Bou-Rkika s'entrecroisent, pour y échanger bien souvent leurs voyageurs, les diligences de Blida, de Cherchel et de Miliana. Tenant à visiter Cherchel, pendant la pause que mon zouave veut aller faire à Miliana, je lui donne rendez-vous dans cette ville, et pars seul pour Cherchel.

Deux villages importants m'en séparent, qui furent aussi deux colonies agricoles de 1848, Marengo et Zurich. Marengo est dominé par les montagnes des Beni-Menacer; un vaste réservoir fournit à ses irrigations, et son marché est fréquenté par les Hadjoutes, les Beni-Menad, les Beni-Menacer et les Chenoux, nos ennemis souvent redoutables jadis, nos compagnons de culture aujourd'hui.

Près de Marengo, non loin du tombeau de la Chrétienne, le lac Halloula étale sa vaste nappe, célèbre par ses canards, ses cygnes sauvages et ses sangsues que les Hadjoutes viennent y pêcher.

A trois lieues de là, au bord de la mer, l'empereur romain Claude avait envoyé une colonie de vétérans; ils y fondèrent Tipasa. Cette ville plus tard devint chrétienne, et en 484, le roi vandale Hunéric ayant voulu lui imposer un évêque arien, une grande partie de la population s'enfuit en Espagne. Ceux qui restèrent et ne voulurent pas apostasier eurent la main droite et la langue coupées.

Zurich se trouve au bord de l'Oued-el-Hachem, près des ruines d'une petite ville romaine, d'un aqueduc qui l'alimentait et de fermes, propriété jadis de la puissante famille des Berkani, nos ennemis encore jusqu'en 1843.

J'étais à Cherchel avant la nuit, et bien renseigné par un colon non moins instruit qu'obligeant, je pus utiliser, pour visiter cette intéressante localité, les dernières heures du jour et les premières du lendemain.

Cherchel, colonie phénicienne, agrandie et embellie plus tard par Juba, qui en fit la capitale de la Mauritanie césarienne sous le nom de *Cæsarea*, Cherchel, disons-nous, avec ses alternatives de ruine et de reconstruction, de dévastation et de splendeur, tient dans l'histoire d'Afrique une place des plus notables jusqu'au xvie siècle, où nous voyons Doria y brûler en partie la flotte algérienne, puis débarquer, se laisser battre et prendre la fuite.

Après un silence de trois siècles, Cherchel se réveille en décembre 1839, pour piller un navire de commerce français, surpris par un calme devant le port. En raison de cet acte de piraterie, Cherchel est occupé par nous en 1840, et le lieutenant-colonel Cavaignac y repousse énergiquement les attaques des Arabes plusieurs fois renouvelées, et soumet les tribus voisines.

Cherchel, depuis surtout que nous l'avons modernisée, est une ville bien moins curieuse par ce qu'elle est que par ce qu'elle fut. *Cæsarea* fut une magnifique cité, Cherchel a hérité quelques restes de cette magnificence que des fouilles intelligentes ne peuvent manquer de compléter. Signalons, entre autres, une muraille et de belles corniches provenant du *palais des rois* ; des citernes immenses qui, suffisamment restaurées, approvisionnent d'eau la ville actuelle ; les débris d'un cirque où saint Marcien fut livré aux bêtes, où saint Sévérin et sainte Aquila son épouse furent brûlés vifs, tandis que saint Arcadius était coupé en morceaux ; les thermes, où l'on

a recueilli un certain nombre de statues et de bustes
qui figurent au musée d'Alger ; des vestiges de constructions
gigantesques, de bassins de mosaïques ; dans la vase qui
encombrait le port, une statue phénicienne, une barque
romaine chargée de poteries ; ailleurs une hypogée ou tombeau de famille appartenant à des affranchis de Juba ; enfin
des inscriptions, des colonnes, des urnes cinéraires, des
amphores, des vases de forme élégante que reproduisent
les potiers maures, et que les enfants et les jeunes filles
de Cherchel savent porter encore avec une grâce tout
à fait antique.

Après cette sorte de pérégrination rétrospective, reprenons notre diligence de la ville et allons rejoindre notre
compagnon de voyage.

Entre Bou-Rkika et Miliana, nous nous arrêtâmes quelque
temps à Vesoul-Benian, colonie de Francs-Comtois, mais
trop peu de temps pour pouvoir visiter la principale curio-
sité de cette contrée, les eaux chaudes d'*Hammam-Rira*.
Une ville romaine, *Aquæ-calidæ*, sétait établie aussi
au voisinage de ces sources thermales. Bien des débris
l'attestent et nous font entrevoir que ce fut une cité puissante ; mais aujourd'hui la charrue circule au milieu de ses
débris ; et près de ces eaux minérales de compositions diverses, les unes salines, les autres ferrugineuses, pas encore
d'installation civile proprement dite, comme l'avenir en
créera sans doute, mais une installation militaire provisoire avec des piscines, où les malades civils sont pourtant admis et traités aux frais de l'administration. Une
piscine, en dehors de cet établissement, est réservée aux
Arabes.

De Vesoul-Benian à Miliana notre route contourne une

haute montagne, le Zakkar, que bientôt le chemin de fer d'Oran percera de part en part, et qui s'élève à plus de seize cents mètres. C'est sur un des plateaux inférieurs, situé lui-même à douze cents mètres au-dessus de la mer, et qui domine comme un promontoire avancé les dernières pentes de cette montagne, d'autant moins aride qu'on la descend davantage, qu'est assise Miliana.

Mon zouave m'y attendait. Il était triste ; un de ses vieux compagnons d'armes venait de succomber à une dyssenterie épidémique. Il ne demandait qu'à repartir ; il voulut pourtant me faire les honneurs de Miliana, mais ce ne fut pas long. Deux larges rues aboutissant, l'une à la porte Zakkar, l'autre à celle du Chélif ; de grandes places, quelques maisons arabes dans des rues étroites, trois ou quatre mosquées, dans l'une desquelles repose Sidi-Mohammed-ben-Yussef, homme vertueux et pauvre qui vint mourir il y a quatre cents ans à Miliana ; enfin, ça et là, des vestiges de la domination romaine, et parmi les tombeaux des environs de la ville, celui, dit-on, du plus jeune des fils de Pompée : voila Miliana.

Ce fut, en effet, dans le principe, une ville romaine, *Miniana*. Comme bien d'autres, celle-ci disparut vers le v⁰ siècle, pour faire place, au x⁰, a Miliana, fondée en même temps qu'Alger et Médéa, par Bollogguin, fils de Ziri. En 1834, Abd-el-Kader y avait installé, comme khalifa, Ali-ben-Embarek, notre ancien agha de la Mitidja. En juin 1840, nous nous en emparâmes ; mais, à notre approche, les Arabes avaient incendié, puis évacué la ville. Nous n'occupâmes donc qu'un amas de ruines, où nous eûmes grand'peine à nous ménager un abri pour l'hiver. En outre, bloquée étroitement par les réguliers d'Abd-el-Kader en 1840 et 1841, la ville, pendant ces deux années ne put recevoir que d'assez rares convois, et même en 1840, sans la bravoure et l'habileté du général Changarnier, qui, trompant la surveillance ou forçant les résistances de l'ennemi, vint deux fois y ravitailler ou y remplacer les survivants, la garnison y serait morte tout entière après des souffrances dont tout à l'heure nous aurons le détail.

En 1842, les choses avaient changé de face. Abd-el-Kader avait été refoulé dans la province d'Oran, les communications commençaient à se régulariser entre Blida et Miliana, et l'année suivante, 1843, une population européenne y fondait ses premiers établissements.

On comprend qu'une ville incendiée par ses habitants eux-mêmes soit bien peu arabe aujourd'hui. Les maisons mauresques y sont en insigne minorité; mais de délicieux environs, un sol fertile et copieusement arrosé, des cascades utilisées par l'industrie etc., tout assure à Miliana l'avenir le plus prospère.

De Miliana, la diligence encore va nous mener à Orléansville. Nous y étions à peine installés, que mon zouave, fixant sur Miliana de longs regards qu'il semblait ne pouvoir en détacher : « C'est singulier, me dit-il, mais il m'en coûte pourtant de m'éloigner de cette ville, et le bon Dieu sait si j'y ai souffert! Car, voyez-vous, de plus savants que moi pourraient vous le dire, de tous les points que nous avons occupés en Afrique, Miliana est bien certainement celui où les Français ont eu le plus de misères.

« Figurez-vous qu'au commencement de juin 1840, nous avions pris la ville sans grand mérite, ma foi : les Arabes s'étaient enfuis; mais, avant de partir, les brigands, ils avaient tout brûlé. Nous comptions trouver là au moins des nattes pour nous coucher. Rien qu'une ville détruite, des brèches à toutes les murailles, l'ennemi tout autour et des coups de fusils ou des attaques à chaque instant. Heureusement nous avions pour commandant un fameux officier, le colonel d'Iltens, qui allait en voir de dures, je vous en réponds. Enfin on sut notre position à Médéa, où était le maréchal Valée; et le colonel Changarnier offrit de venir nous ravitailler. Ce n'était pas facile, mais vous savez si c'était un brave, celui-là ! Bref, en vingt-quatre heures il avait fait ses trente lieues avec son convoi. Malheureusement ce convoi ne valait pas grand chose, les farines avaient été avariées en route, et il faisait une chaleur telle que les bœufs qu'il avait amenés en attrapèrent une maladie qui les tuaient comme des mouches. Et ce fut bien pis le mois suivant : cinquante-huit degrés au soleil ! Et le simoun qui pendant quarante jours de suite souffla sur nous, que c'était comme un vent de feu. Oui, monsieur, j'ai vu de nos hommes, et plus d'un, qui en tombaient raides sur la place, comme étouffés. Aussi, que de maladies, que de fièvres ! comme notre petit hôpital, une vraie masure, fut bien vite encombré ! Avec cela pas de matelas, que ce qu'on pouvait recueillir de débris de laine ramassés dans les égouts et séchés au soleil. Eh bien ! notre colonel savait trouver des ressources pour tout. Plus de souliers : il nous fait donner des peaux fraîches de moutons ou de bœufs, et il nous apprend à fabriquer des espadrilles espagnoles. Pas de tabac : il prend des feuilles de je ne sais quoi, et il donne cela aux fumeurs en attendant le tabac de cantine.

Il y en avait, et beaucoup, qui regrettaient leur pays et qui en mouraient. Le voilà qui organise une section de chanteurs qui, deux fois par semaine, chantaient les airs de la patrie. Malheureusement ça ne dura pas longtemps : bientôt il n'y avait plus de chants possibles, plus de chanteurs ! Il y eut bien un moment où l'on crut qu'il n'y aurait plus de pain, faute de boulangers. Dame, vers la fin, il n'y avait plus d'officiers pour commander, il n'y avait même plus de soldats pour les factions et pour repousser l'ennemi, que j'ai vu le colonel lui-même faisant une partie un fusil à la main, suivi d'une compagnie de convalescents. Enfin l'automne était venu, et la chaleur était toujours aussi forte, et on mourait plus que jamais. Les Arabes s'en doutaient bien, la nuit ils venaient compter les fosses que nous creusions en dehors de la ville. Pour les tromper, le colonel nous avait dit de creuser davantage et d'enterrer deux ou trois corps au lieu d'un. Mais nous n'avions guère de force pour creuser davantage, et puis savez-vous ce qui en résulta? Ces corps entassés les uns sur les autres se mirent à fermenter, et le matin, du haut des murs, nous les voyions qui sortaient de terre et qui empoisonnaient l'atmosphère. Enfin, pourtant ou sut à Alger notre position, et le général Changarnier, car depuis juin il était devenu général, se chargea de venir nous relever. Et, en effet, le 4 octobre, je le vois encore, entrant dans la ville avec deux mille hommes et notre bon commandant d'Iltens, tout pâle, tout mourant lui-même, se jetant dans ses bras, et je l'entends qui lui disait : Mon général, nous sommes entrés ici douze cents, nous ne sommes plus que quatre cents !

— Et qu'est devenu, lui dis-je, ce brave colonel d'Iltens?

— Pauvre colonel, il n'a pas eu de chance, me répondit mon zouave. » Cinq ans après, en 1845, il revenait de France, où il était allé se reposer un peu de ses fatigues d'Afrique, quand, dans une promenade militaire aux environs de la *Maison carrée*, il tomba mort, frappé en pleine poitrine par la balle d'un bédouin embusqué derrière un buisson. »

Distrait par ces récits suivis de bien d'autres analogues, je remarquai à peine les villages échelonnés sur notre route. Les trois premiers cependant portent des noms mémorables : Affreville, en mémoire de Mgr Affre, archevêque de Paris martyr de sa charité en juin 1848; Lavarande nom d'un officier supérieur que nous avons vu chef de bataillon à la prise de Zaatcha et qui fut tué général de brigade au siège de Sébastopol, et Duperré, nom de l'amiral qui commandait la flotte lors de l'expédition d'Alger. Notons encore que ces villages, comme bien d'autres que nous avons vus ou que nous verrons, sont généralement fondés sur d'anciens emplacements de colonies romaines. Il semble que, sur presque tous les points de l'Algérie, la civilisation française ne fasse que reprendre, après bien des siècles d'intervalles, l'œuvre de la civilisation romaine interrompue par la barbarie.

Notre route qui longe souvent le Chélif, qui traverse quelquefois des ruines romaines ou des vallées assez riantes, mais souvent aussi des plaines arides, nous avait paru longue, et ce fut avec bonheur que, presque au soir, nous descendîmes enfin sur l'une des places d'Orléansville, presque à la porte de l'hôtel d'Europe.

Orléansville justifierait encore mes réflexions de tout à l'heure. Au confluent du Chélif et du Tir'aout, un amas de ruines rappelait que les Romains avaient eu là un de leurs camps. En avril 1843, le maréchal Bugeaud décida qu'un camp y serait installé. Bientôt des colons vinrent se grouper à l'entour. Telle fut l'origine d'Orléansville, cité essentiellement moderne, à rues bien alignées et coupées à angles droits, et qui pourtant présente un certain intérêt archéologique, et par ses quelques ruines antiques, et surtout par ses souvenirs d'une époque ultérieure, l'époque chrétienne. On y a découvert en effet la mosaïque assez grossièrement exécutée d'une basilique, celle de Saint Réparat, qui vivait au IVᵉ siècle de notre ère, et quelques inscriptions chrétiennes qui ont été transportées au musée d'Alger. C'est sur les ruines d'une autre église encore qu'a été construit l'hôpital.

Orléansville, grâce au voisinage de montagnes dont la cime est couronnée de neiges une partie de l'année, est sujette à des variations de température qui ne sont pas toujours sans danger. Aussi nos soldats, généralement, redoutent ce séjour comme garnison.

Notre prochaine étape sera courte. Nous irons à Ténès et nous y prendrons à son passage le paquebot d'Oran. Or Ténès, où va nous mener encore une voie carrossable, n'est qu'à dix ou douze lieues environ. Le trajet pourrait bien me sembler assez monotone ; heureusement mon compagnon de route ne demandait pas mieux que de me continuer l'histoire de ses compagnons. Remettons-le sur le terrain. Je n'eus qu'à m'applaudir de cette inspiration. Entre bien d'autres anecdotes, dont je fais grâce à mon lecteur, je lui dois celle-ci.

« C'était, si je ne me trompe, me dit-il, pendant la fameuse campagne de 1841, où je vous réponds que le père Bugeaud nous faisait assez marcher le jour, pour qu'il fût bien un peu permis d'avoir sommeil pendant la nuit. Une nuit donc que ma compagnie avait fourni les avant-postes, voilà que les réguliers d'Abd-el-Kader s'aperçoivent que nous avons deux sentinelles endormies. Ils se glissent alors à pas de loups, et blottis sous un pli de terrain, les voilà qui tirent au hasard sur les abords de la tente du maréchal et qui jettent par terre trois ou quatre de nos factionnaires. Les camarades, surpris dans leur premier sommeil et réveillés si brutalement, hésitent quelques instants. Mais les officiers s'élançant, et le maréchal, qui n'est pas des derniers, saisit deux Arabes de sa poigne vigoureuse, et leur affaire fut bientôt faite. D'ailleurs nous n'avions pas tardé, nous autres, à sauter sur nos armes, et l'ennemi n'avait pas tardé, de son côté, à tourner les talons. Bref, nous venions de rentrer au camp, et le maréchal nous avait sermonés d'importance sur le danger de fermer l'œil quand on est en faction, lorsqu'il s'aperçut, à la lueur des feux du bivac, que deux ou trois loustics d'entre nous avaient l'air de rire en le regardant. Il se tâte la tête et voit qu'il a pour coiffure son bonnet de coton. Il demande alors sa casquette, et chacun se met à répéter : « La casquette ! la casquette, du maréchal ! » Et puis le lendemain matin, quand les clairons sonnèrent la marche, mon bataillon les accompagna en chantant :

> As-tu vu
> La casquette,
> La casquette ?
> As-tu vu
> La casquette
> Du père Bugeaud ?

Depuis ce temps là, la fanfare de la marche s'est appelée

la Casquette, et le bon maréchal disait souvent lui-même au clairon de piquet « Allons, voyons, sonne la Casquette. »

Nous arrivâmes d'assez bonne heure à Ténès, et je ne devais y avoir que par trop de temps pour voir la ville, ses alentours et la longue jetée de son port, à l'extrémité de laquelle j'allai plus d'une fois à la découverte du paquebot dont mon zouave avait mal calculé l'arrivée.

Il y aurait pourtant, à vrai dire, trois villes au lieu d'une à étudier ici. D'abord la ville primitive, phénicienne peut-être, romaine assurément, *Cartenna*. C'est sur ses ruines qu'a été construite la ville actuelle, et ses ruines sont encore assez nombreuses : remparts, mosaïques, citernes, hypogées, sorte de Cartenna souterraine, dont l'administration et les particuliers ont fait des magasins et des caves, inscriptions, etc. Cette Cartenna devint chrétienne, peut-être même hérétique, car on cite un certain Rogatus parmi ses évêques comme ayant modifié l'hérésie de Donat et compté quelques sectaires désignés sous le nom de Rogatistes. Quand l'ancienne Cartenna disparut-elle ? fut-ce par le fait de l'invasion vandale ou de l'invasion arabe? On l'ignore. Toujours est-il qu'en dehors de ses ruines, au ixe siècle, des marins andalous fondèrent ce qu'on nomme maintenant le Vieux Ténès, et que ses habitants se firent la réputation de voleurs et de pirates. Ainsi les Arabes racontent que le saint de Miliana, Mohammed-ben-Yussef, s'étant hasardé là, se confiant dans son caractère de marabout, les Ténésiens voulurent l'éprouver, et mirent à la broche pour son souper, en le décorant d'un tout autre nom, un chat habilement dissimulé. Indigné de cette fraude, le saint homme n'y répondit que par un *Sob*

énergiquemeut accentué. Cette interjection, usitée pour
chasser les chats importuns, fut entendue par l'animal
déjà rôti, qui partit au galop, à la stupéfaction des Ténésiens. Le saint homme alors, se levant avec majesté, leur
jeta au visage cette exclamation deyenue proverbiale :
« Ténès, ville bâtie sur du fumier! son eau est du sang ;
son air est du poison. Par Allah, Sid-Ahmed n'y couchera
point ! » Et puis il s'enfuit sur sa mule.

Enfin le paquebot a paru. C'est *le Borysthène*, qui l'année
suivante devait se briser si malheureusement contre les rochers de Mers-el-Kebir. Nous nous empressons de monter à
bord; il est presque nuit quand nous partons. La lune, qui
brille de tout son éclat, permettrait de distinguer la côte
dont nous devons nous éloigner à peine ; côte qui sera
bientôt celle du Dahra, limite entre la province d'Alger
et la province d'Oran. Mais, bercé par la houle, je ne
tarde pas à m'endormir sur le pont. Quelque temps après
mon réveil, on me montre l'embouchure du Chélif, puis les
maisons blanches du village de Karouba, ancien fort, dont
le canon signale aux alentours l'arrivée des dépêches que
nous amenons, enfin quelques maisons de pêcheurs et une
jetée, mouillage de Mostaganem. Là je prends congé de mon
zouave, qui va me précéder à Oran, et une petite barque
me mène à terre.

V

Les environs et la ville d'Oran. — Mostaganem. — Mazagran et le capitaine Lelièvre. — Oran, son histoire et sa description. — Mers-el-Kébir. — Retour à Alger. — Le mal de mer.

Mostaganem est bâtie sur une hauteur, à dix minutes de la mer. Elle se compose de deux parties bien distinctes que sépare un ravin cultivé. Ce sont *Matmore*, où se trouvent les principaux établissements militaires, et puis la ville de Mostaganem proprement dite, comprenant elle-même ce qui reste de la ville arabe, et c'est peu de chose. Le quartier européen, quartier aéré, vivant, animé, avec une église, un théâtre, une école de garçons, une école et une salle d'asile pour cinq cents jeunes filles, tenue par les dames trinitaires, etc.

Mostaganem est d'ailleurs une ville de ressources. On y trouve : bains français, bains maures, télégraphes électriques, bateaux à vapeur de l'Etat, quand la mer ne vous condamne pas à aller vous embarquer à Arzew; diligences pour Oran et même pour Alger, enfin voitures de place qui, pour trois francs par heure, vous promènent dans la ville et dans ses environs. Ainsi, à cinq kilomètres de Mostaganem, se trouve un village nommé Pélissier, en souvenir du duc de Malakof, et non loin de là un groupe

de fermes, de maisons et de jardins, connu sous le nom
de *Vallée des jardins*. Une route carrossable y conduit, et
c'est là un but de promenade que les garçons d'hôtel ne
manquent pas de vous indiquer, en vous recommandant
de vous faire ramener par Mazagran. C'est un parcours de
cinq lieues environ. Je me contentai, quant à moi, de la
seconde moitié du programme, et deux heures après mon
débarquement, je me rendais à Mazagran. J'étais curieux
de voir ce théâtre d'un fait d'armes qui eut un retentissement assez notable pour qu'une des rues de Paris en
ait perpétué la mémoire.

En 1840, les habitants de Mazagran, ville arabe assez ancienne, qui avaient accepté notre domination, après la prise
de Mostaganem, craignant les razzias d'Abd-el-Kader, avaient
demandé une petite garnison française, et la 10ᵉ compagnie du bataillon d'Afrique, désignée sous le nom de *zéphirs*,
composée de cent vingt-trois hommes et commandée par le
capitaine Lelièvre, avait répondu à cet appel. Elle venait
de s'y retrancher dans un petit fort qui dominait la plaine,
avec une pièce de 4, quarante mille cartouches et un baril
de poudre, quand, dans la matinée du 1ᵉʳ février, Mus-
tapha-ben-Tami, khalifa d'Abd-el-Kader, qui avait échoué
quelques semaines avant dans une première attaque, re-
vint, amenant cette fois avec lui les contingents de quatre-
vingt-deux tribus, à savoir douze à quinze mille hommes,
plus un bataillon d'infanterie régulière de l'émir et deux
pièces de canon. Dès le 2, les Arabes ouvrent, à cinq
cents metres, contre la chétive forteresse, le feu de leur
artillerie, puis se précipitent à l'assaut avec toute l'ardeur que peuvent inspirer le fanatisme et la certitude de
vaincre. Mais ils avaient compté sans l'intrépidité rare,

sans le sang-froid impassible du brave capitaine. Pendant quatre jours et quatre nuits l'héroïsme de la résistance fut égal, sinon supérieur, aux fureurs de l'attaque. Quand la moitié des cartouches fut consommée (c'était dès la première journée), le capitaine Lelièvre recommanda de ne plus repousser l'ennemi, autant que possible, qu'à la baïonnette, et malgré cette précaution, il vit dans la soirée du 4 que ses provisions s'épuisaient. Réunissant alors sa petite troupe, « Mes amis, leur dit-il, nous avons encore un tonneau de poudre et douze mille cartouches. Quand il ne nous en restera plus que douze ou quinze, nous ferons sauter notre poudrière, heureux de mourir pour notre pays! » Et d'une seule voix tous l'avaient juré, en criant avec enthousiasme : « Vive la France ! vive le roi ! »

Enfin, le 7 au matin, la fusillade et les clameurs des assaillants cessent de se faire entendre, et du haut de ses murailles à demi détruites mais où flotte toujours le drapeau français, le capitaine Lelièvre voit la plaine déserte et dans le lointain, à l'horizon, les Arabes qui se retirent découragés et vaincus.

C'est là, certes, un beau fait d'armes qui méritait bien qu'une colonne de marbre surmontée de la statue de la France tenant un drapeau d'une main et de l'autre une épée signalât le lieu.

Une église s'élève auprès de la colonne, à la partie culminante de l'amphithéâtre que couvre Mazagran, et on y arrive par un escalier de vingt marches. Elle est précédée d'un péristyle à trois arcades et flanquée d'un clocher carré, le tout crénelé et dans un style gothico-mauresque d'un goût contestable. Eglise et colonne sont le produit d'une souscription nationale.

Je couchai à Mazagran, et le lendemain la diligence d'Oran me prenait en passant. Que noterai-je dans ce parcours? La Makta ? Hélas ! ce fut sur ses bords, c'est dans ses épais taillis que j'apperçois au loin sur ma gauche, que, pour s'être imprudemment engagé dans une lutte par trop inégale, le général Trézel, en juin 1835, subit ce déplorable échec qui nous couta huit cents hommes, parmi lesquels le colonel Oudinot, et qui grandit outre mesure la puissance d'Abd-el-Kader.

Je ne m'arrêtai ensuite à Arzew que le temps qui me fut alloué par le conducteur. C'était autant qu'il en fallait pour constater qu'il y a dans cette petite ville maritime, moitié ancienne, moitié moderne, moins d'intérêt actuel que d'avenir.

Puis ce furent, sur mon chemin, des villages aux noms plus ou moins sonores. Kléber, Saint-Cloud, Fleurus, etc. Saint-Cloud m'avait frappé par une sorte d'élégance et de recherche presque parisiennes. Je sus depuis que sa population, à l'origine (1848), fut en effet presque exclusivement composée de Parisiens.

Ce fut aussi tout ce qui généralement signale le voisinage d'une ville importante : ainsi villas, guinguettes, cabarets, circulation plus active, voitures de toute sorte, etc.

J'arrivai le soir à Oran, où je retrouvai mon obligeant zouave, qui m'avait fait préparer dans un excellent hôtel une chambre parfaitement choisie, et, grâce à cet intelligent cicerone, j'allai visiter Oran et ses environs en moitié moins de temps qu'il ne m'en eût fallu seul.

Oran est une ville fort intéressante. Elle est riche de son passé, riche de son état actuel et riche d'avenir. Tour à tour romaine peut-être, mais plus positivement arabe, es-

pagnole pendant plus de deux siècles, enfin turque et aujour-
d'hui française, sa population active, remuante, animée,
et surtout éminemment diverse, semble nous refléter
ces différentes phases de son histoire. Auprès du Juif, cet
immuable représentant des anciens temps, et dont je remarque la lévite marocaine, le pantalon à pied et le bonnet
noir, auprès de la Juive splendidement belle avec sa robe
damassée d'or et de soie, ou voit passer l'Espagnol avec
ses grégues blanches et sa couverture de grosse laine rouge
et la manola toujours gaie, vive, bruyante, mais qui,
bonne d'enfant ou ménagère, a échangé en partie son
costume national contre la crinoline; puis les différentes
races indigènes, maures, koulouglis, etc., le tout entre-
mêlé, entrecroisé, coudoyé, bousculé même quelquefois,
par nos militaires de tous grades et de toutes armes, zouaves,
turcos, chasseurs à pied, chasseurs à cheval, spahis, etc.

Même variété de reflets dans les constructions. Oran est
bâti sur les deux flancs d'un ravin auquel il doit son nom
(*Ouahran*, la coupure). On y voit d'un côté l'ancienne
ville espagnole, le port de la vieille kasba; de l'autre, les
maisons juives et mauresques, et la nouvelle ville, bien aérée,
bien percée, ne songeant qu'à sacrifier aux exigences de
ses alignements tout ce qui porte encore un cachet qui n'est
pas le sien.

L'époque arabe fut brillante à Oran. Entrepôt d'un commerce des plus actifs, l'ivoire, les dépouilles d'autruches,
la poudre d'or, les peaux de bœufs tannées, les céréales
et bien d'autres produits y attiraient des acheteurs du
monde entier. On y comptait plus de 6,000 maisons, des
mosquées magnifiques, des écoles qui rappelaient celles de
Cordoue, de Séville et de Grenade, des bains renommés,

tout ce qui fait le charme et l'éclat d'une cité florissante. Malheureusement, de tout ce luxe, de toute cette prospérité, résultèrent les excès les plus coupables, la démoralisation la plus éhontée ; et un jour un sage musulman, Sidi-Mo-Hammed-El-Hâouari, effrayé de cette depravation, s'écriait douloureusement : « Oran, ville de l'adultère, voici une prédiction qui s'accomplira : l'étranger viendra dans tes murs jusqu'au jour du renvoi et de la rencontre (le jugement dernier). »

Les Espagnols réalisèrent cette prédiction. El-Hâouari était mort l'an 1439 de notre ère. Soixante-dix ans après, les Espagnols arrivaient à Oran. Ils y étaient conduits, et par la nécessité de réprimer la piraterie, née elle-même, vers la fin du xve siècle, de la haine des Maures contre les Chrétiens qui les avaient chassés d'Espagne, et probablement par un certain projet de croisade en Terre sainte. Avec une flotte deux fois de suite équipée à ses frais, le cardinal Ximénès s'empare, la première fois de Mers-el-Kebir, la seconde fois d'Oran (mars 1509). Les Espagnols avaient su vaincre, ils ne surent pas utiliser leur victoire : à plusieurs reprises, et surtout en 1574, ils faillirent être contraints d'abandonner Oran, nécessité qui eut été non moins déplorable que honteuse, et que la victoire de Lépante ajourna, Dieu merci.

Cependant la puissance des Turcs s'était constituée en Algérie, et peu à peu les Espagnols avaient perdu toutes leurs positions sur la côte africaine, sauf Oran, où ils tinrent bon jusqu'en 1708. L'Espagne était alors divisée, affaiblie. Sur l'ordre du dey d'Alger, le bey de la province d'Oran, résidant à Maskara, vint assiéger Oran, qui fut forcé de capituler, et qui devint le chef-lieu du gouvernement de l'Ouest et la résidence du bey. Philippe V vengea plus tard cet affront, il reprit Oran en 1732. Mais ce n'était déjà plus pour l'Espagne qu'une possession sans importance et sans avenir, quand un affreux tremblement de terre, en novembre 1790, bouleversa la ville, fit perdre la vie à grand nombre de ses habitants et au tiers de sa garnison, réduisit le reste à la plus affreuse détresse, et amena par suite, dans le cours de l'année 1792, les Espagnols, toujours menacés ou serrés de près par le bey de Mascara, à évacuer la ville.

Depuis ce jour Oran fut une ville turque, et ce fut Hassen, son dernier bey, qui, redoutant pour lui-même, ainsi que nous l'avons dit, l'ambition de Mahi-ed-Din, père d'Abd-el-Kader, le fit saisir et partir pour la Mecque avec son fils.

Ce fut lui qui, après la prise d'Alger, nous ouvrit les portes d'Oran, le 4 janvier 1831. Trois jours après, il faisait route pour Alger, puis pour Alexandrie, et enfin pour la Mecque, où il mourait au bout de quelques mois.

Mon zouave avait voulu me recevoir à sa table, dans son restaurant, établissement modeste, mais parfaitement tenu, et où règnent une discipline et une propreté toutes militaires. Après le déjeuner, pendant que mon hôte fumait sa pipe et me faisait les honneurs d'une de ses plus vieilles bouteilles de cognac, je lui contai quelques-uns des détails historisques qui précèdent. Il les écouta avec intérêt, m'avouant qu'ils lui étaient tous parfaitement inconnus, et en retour il me parla fort pertinemment du gibier qui, dans la saison, alimente ses fourneaux. Possesseur d'un chien kabyl, qu'il nomme *Bou-Maza*, vrai type de chien sauvage et excellent gardien pour la nuit, « ne dormant pas plus qu'un gendarme, » et d'un chien courant, *Emir*, qu'un de nos officiers lui a laissé en repartant pour la France, il va quelquefois chasser avec celui-ci ; mais, ajoutait-il, la chaleur, et ce fait est très-ordinaire en Afrique, lui a fait beaucoup perdre de la finesse de son odorat. Le lièvre et la perdrix ont ici une chair plus sèche et moins savoureuse qu'en France. Quant au sanglier, sa chasse est dangereuse, si ce n'est pour les Arabes qui, maniant leurs merveilleux chevaux avec une si prodigieuse dextérité, s'identifient avec leur monture, se tordent sur leur selle sans être jamais désarçonnés, déchargent ainsi et rechargent leurs longs fusils sans cesser de galoper, et puis tournoient autour du sanglier, sautent par-dessus lui comme un jockey par-dessus la haie d'un hippodrome, et évitent ainsi avec une étonnante habileté l'atteinte de ses défenses.

Mon zouave ne demandait qu'à me compléter ces détails, mais j'avais à cœur de voir Oran. Je le priai donc de me les terminer, tout en parcourant la ville, et bientôt, assis côte à côte dans une bonne voiture de place, nous partîmes.

Oran est plus promptement vu qu'on ne pourrait le supposer d'une ville qui a maintenant près de vingt-cinq mille habitants. Les démolitions et métamorphoses modernes, en continuant l'œuvre du tremblement de terre de 1790, ont fait perdre à Oran pour le touriste une bonne partie de son intérêt primitif. Ainsi son Château-neuf, résidence des beys d'Oran, devait être une délicieuse demeure. Le pavillon occupé par le harem était comme un séjour aérien situé au point culminant du château, et de là, tout en jouissant d'un admirable panorama, le bey plongeait ses regards dans toutes les maisons rangées au dessous de lui. Ce pavillon était séparé du palais par

un jardin planté de rosiers et de jasmins. Le génie militaire a fait de tout cet ensemble une immense caserne où
sont logés, en outre des troupes, presque tous les chefs
de services, jusqu'au général commandant la division, qui
est installé dans le logement des beys. Ainsi, dans la vieille
kasba, qui fut la demeure des gouverneurs espagnols
et de plusieurs beys, nous trouvons aujourd'hui la prison militaire et encore une caserne, et c'est dans le local
réservé jadis aux femmes du bey que siége le conseil de
guerre. Il est vrai qu'ici le tremblement de terre avait
commencé. Car, dans la nuit du 8 au 9 octobre 1790,
la haute kasba, cédant à la violence des secousses, croula
de toutes parts, en effondrant sous ses débris une partie
de la ville.

A Oran l'on ne dira pas :

> Ce ne sont que festons, ce ne sont qu'astragales.

Mais on pourrait dire : Ce ne sont que forts ou casernes.
Sans compter que, sous terre, les travaux militaires n'ont
pas été moindres qu'à la surface. Les Espagnols avaient
mis tous les forts en communication par des galeries
profondes qui seraient curieuses à visiter, mais que de
nombreux éboulements ont rendues pour la plupart im-
praticables.

Les rues d'Oran, sont généralement bien percées, et
quatre d'entre elles aboutissent à une grande place fort
animée, la place Napoléon. En fait de promenades, j'aime
assez celle de Létang (c'est le nom du général qui a com-
mandé la division d'Oran de 1836 à 1837), et le boulevard
dit Oudinot, en mémoire du colonel du 2ᵉ chasseurs
d'Afrique tué à la Makta en 1832. De la première, on

embrasse toute la vieille ville et on voit la mer ; de la seconde, on voit la ville mauresque avec ses maisons carrées terminées en terrasses, badigeonnées en blanc et en rouge et disposées en amphithéâtre.

A côté de ces maisons éminemment rationnelles, j'ai peine à comprendre les autres, les modernes, avec leurs quatre et cinq étages. Les propriétaires ou les architectes ignorent apparemment que les tremblements de terre sont des malheurs sujets à retour.

Les monuments religieux ne m'ont offert rien de remarquable, si n'est peut-être, comme à Alger, ceux des musulmans. Les catholiques ont une cathédrale, ancienne mosquée, la cathédrale Saint-Louis, où l'on admire une peinture, le débarquement de saint Louis à Tunis ; puis l'église Saint-André, autre mosquée, puis des chapelles, celle des Jésuites et celle des Dames trinitaires.

Les mosquées sont plus richement décorées, et plusieurs de leurs minarets sont d'une rare élégance.

Quant aux fontaines, elles sont assez nombreuses. Mon zouave voulut m'en montrer une, rue Philippe, moins pour elle-même ou pour l'arbre magnifique qui l'ombrage, que pour cette particularité que j'ignorais, qu'auprès de cette fontaine il y avait autrefois un petit marchand de tabac, nommé Hassen, et que de son humble boutique il sortit un beau jour pour être bey d'Oran de 1817 à 1830.

S'il est permis de dire que dans Oran il y a peu de choses à voir, dans ses environs immédiats il y en a moins encore. Ce ne sont plus ici, comme autour d'Alger, des promenades délicieuses et variées. C'est un sol aride, où l'on rencontre çà et là quelques plants de légumes, quelques champs de céréales, et plus souvent le palmier nain, le jujubier sauvage, le halfa et autres inutilités. Aussi faut-il, pour connaître les beautés de la province d'Oran, aller chercher les paysages des alentours de Tlemcen, de Sidi-Bel-Abbès, de Maskara, les belles forêts de Daïa, les vallées de la rivière de Nemours, etc.

Je ne comptais pas sur une tournée aussi prolongée, mais je voulais voir Tlemcen et Maskara : Tlemcen surtout, l'antique reine de la province, mollement étendue sur le flanc d'une montagne; Tlemcen dont l'émir Abd-el-Kader, poëte aussi lui-même, disait après en avoir pris possession : « Je l'aime comme l'enfant aime le cœur de sa mère, etc. » Tlemcen aux immenses vergers d'oliviers et de figuiers, aux riches mosquées, aux longs souvenirs.

Je devais faire une pause en passant à Misserghin. Les beys d'Oran possédaient dans cet endroit, qui n'est qu'à trois ou quatre lieues d'Oran, une habitation de plaisance ombragée et comme blottie au milieu d'orangers, de citronniers et de grenadiers. Cette demeure tombait en ruines vers la fin de 1837, quand on imagina d'y installer une colonie de militaires cultivateurs. Celle-ci fut remplacée plus tard par un orphelinat que M. l'abbé Abram vint fonder là pour 200 élèves, sur les mêmes bases que l'établissement de Ben-Acnoun, et comme celui-ci, l'orphelinat de Misserghin est aujourd'hui dirigé par des frères de la Doctrine chrétienne. De semblables établissements me paraissaient éminemment utiles en Algérie. Ainsi la pépinière de l'orphelinat de Misserghin peut livrer par année 40,000 pieds d'arbres d'essence forestière, fruitière et industrielle.

Il y a là aussi un orphelinat de 100 jeunes filles à qui des dames trinitaires d'Oran donnent l'instruction nécessaire pour que les cultivateurs puissent trouver en elles de bonnes ménagères.

Enfin un couvent de dames de Bon-secours sert là, comme à El-Biar, de refuge aux pauvres filles que l'abandon ou la misère exposerait à faire le mal.

Il me fallut renoncer à cette partie de mon programme : une lettre assez pressante me rappelait à Alger. Dès le lendemain du jour où je la reçus, j'allai prendre congé du bon zouave que j'allais quitter, non sans regret, et pour avoir le temps de jeter un coup d'œil sur Mers-el-Kebir, où je devais prendre le paquebot d'Alger, je m'y fis conduire en voiture deux heures avant l'embarquement.

Deux heures sont plus qu'il ne faut pour voir et apprécier Mers-el-Kebir. C'est tout simplement la sentinelle avancée, la forteresse d'Oran ; et toute son importance est dans sa situation et dans la sureté de son vaste port, le meilleur abri de tout le littoral algérien, le seul où les grands bâtiments puissent séjourner pendant l'hiver.

Sur les bords de ce *Portus divinus* des Romains, les rois de Maroc, au xiie siècle, avaient établi un des arsenaux les plus considérables de leur marine militaire. Les Maures y construisirent une petite ville pendant leur domination en Espagne, et les commerçants chrétiens de l'Aragon, de Marseille et des républiques italiennes venaient débarquer là leurs marchandises ou chercher un refuge contre la tempête. Après l'expulsion des Maures de l'Espagne, Mers-el-Kebir devint un nid de forbans, que les Portugais châtièrent les premiers, et à deux reprises, en occupant Mers-el-Kebir, d'abord de 1415 à 1437, puis de 1471 à 1477. A partir du xvie siècle l'histoire de Mers-el-Kebir se confond avec celle d'Oran.

Petite ville de 14 a 15 cents âmes, à 8 kilomètres d'Oran, suspendue avec sa forteresse à une pointe rocheuse qui s'avance en mer comme une jetée naturelle, Mers-el-Kebir n'a pas de monuments curieux. On y trouve par moments, les jours de départ ou d'arrivée, et j'y constatai pour ma part, en raison de cette circonstance, une certaine animation; mais je ne doute pas que, le paquebot parti, et avec lui voituriers et canotiers retournés à Oran, Mers-el-Kebir ne retombe dans une silencieuse monotomie.

En voyage, comme ailleurs, les jours se suivent et ne se ressemblent pas. Depuis Médéa le ciel avait été presque constamment magnifique. Pour mon départ d'Oran il s'assombrit avec mes pensées, et je ne fus pas plutôt embarqué sur Sinaï, que de gros nuages s'amoncelèrent au-dessus de nos têtes, nous amenant la pluie, un vent violent, de grosses vagues, et par suite un roulis et un tangage à désarçonner le plus solide estomac. Aussi, torturé par le mal de mer, brisé par des efforts souvent stériles, exténué par la diète et l'insomnie, je ne comptais plus ni les heures ni le temps, quand, vers la fin du second jour de ce supplice, on vint m'avertir que nous étions dans le port d'Alger. J'allais y regagner mon hôtel plus mort que vif, mais bien heureux de trouver là, pour me remettre, un sol immobile, un bon bouillon et un bon lit.

VI

Il me fallut près de deux journées pour être enfin reposé de cette secousse. Et cependant quelle charmante rencontre devrait me faire oublier ce malaise et ajouter son heureuse influence aux bons soins de mes excellents amis L. F.! Je passai, le lendemain même de mon retour, sur la place du Gouvernement, quand un de mes plus chers et de mes plus joyeux camarades d'études médicales, le docteur J. R., un de nos chirurgiens militaires qui se sont le plus distingués sur les champs de batailles algériens, vint se jeter dans mes bras. Arrivé depuis peu, avec sa femme et sa fille, dont la poitrine lui avait paru réclamer l'air si éminemment salutaire de notre colonie africaine, mon brave J. R. pensait bien m'y retrouver. Il y tenait d'autant plus, que déjà ensemble, en 1844, nous avions savouré les charmes de notre Afrique bien-aimée, et qu'il ne doutait pas du plaisir que j'éprouverais de mon côté à la revoir avec lui. La revoir avec lui, ce ne devait être que pour peu de temps, huit jours au maximum. Avant de rentrer en France, je voulais revoir Bone, Philippeville et Constantine, et mon ami J. R. ne pouvait m'y suivre.

Comme ces huit jours furent près de lui promptement
écoulés! Mais aussi que de promenades délicieuses! que
d'intéressants détails sur les localités que je venais de parcourir, théâtres jadis de ses exploits à lui-même! que de
gémissements sur son Alger, comme il l'appelait, qu'il
avait si bien connu, si bien apprécié sous son écorce rude
et sauvage, et auquel notre civilisation enlevait, de jour
en jour, sa physionomie.

Te rappelles-tu la Kasba, me disait-il, sa belle fontaine
de marbre blanc et le magnifique platane qui ombrageait
sa cour, la galerie ou le dey rendait la justice, sa mosquée,
ses bains, l'emplacement de sa ménagerie et de ses jardins?
Presque tout cela n'est plus qu'une immense caserne, et
deux routes feront bientôt disparaître le reste! Et la porte
Bab-Azzoun, et au dehors toute cette population bariolée
de négresses qui nous vendaient du pain, de bateleurs, de
sorciers, de mendiants à l'air presque noble, de passants
si nombreux à pied, à cheval, à âne ou à chameau! Sans
doute la place Breslon nous offre quelque chose encore de
toute cette animation, de tout ce mouvement. Mais ce n'est
plus notre vieille porte avec ses créneaux, avec ses crochets,
souvenirs des cruautés musulmanes.

Sur la place de Chartres, nous nous étions amusés
du marché qui s'y tient tous les matins. Le personnel
remuant et bavard des maraîchers français, maures et
mahonais, des ménagères, des bonnes, juives et négresses,
des porteurs indigènes, etc., nous avait offert un spectacle
vraiment curieux; puis nous avions songé là qu'une des
maisons occupe l'emplacement de l'ancien bagne des chrétiens, et que c'est de là sans doute qu'aussitôt notre
conquête, le 5 ou 6 juillet 1830, avec tant d'autres

compagnons d'esclavage, dont les uns avaient perdu la vue, dont les autres avaient perdu la raison, sortit enfin ce malheureux Béraud, de Toulon, enfermé là depuis 1802.....

Une visite au musée, où je retrouvai plus d'un souvenir des provinces d'Alger et d'Oran, plus d'un avant-goût de la province de Constantine, mais où j'admirai surtout la maison mauresque où l'on a placé ce musée, ses marbres, ses faïences, ses bois peints et sculptés, etc., termina dignement ma nouvelle station à Alger.

Le lendemain, ce fut un jour de tristesse : ce furent les adieux, ce fut le départ.

VII

Je n'ai pas l'estomac rancuneux. Donc, oublieux du passé,
sans souci d'une récidive, craignant d'ailleurs les lenteurs
de la route de terre, détrempée par de récentes inonda-
tions, le 23 septembre au matin, je prenais possession d'une
des meilleurs cabines du paquebot *l'Aréthuse,* puis on levait
l'ancre.

Le ciel avait repris sa splendeur, la mer était ondulée à
peine par une brise rafraîchissante, et bientôt le littoral dé-
roula devant nos regards toutes les merveilles de ses
dentelures, tous les villages dont il est constellé. Ce furent
successivement, après Alger, dont j'avais tant de peine
à détacher mes regards, Moustafa et les villas qui l'environnent, le jardin d'Essai, Koubba, Hussein-Dey, la
Maison-carrée, Rusgunia et le cap Matifou. Puis ce furent
des terres basses, plus ou moins fécondes et cultivées,
quelquefois uniformes et plates, quelquefois montagneuses.
Ce fut enfin la petite ville de Dellis.

Colonie carthaginoise, appuyé contre la paroi d'un rocher que baignent des eaux poissonneuses, d'où le nom
carthaginois de *Rousoukkour* (cap des poissons), le *Rusu-*

currus des Romains fut, sous les empereurs, une cité dont l'importance nous est attestée par des citernes, des mosaïques, des médailles, et un magnifique sarcophage que j'avais remarqué dans le musée d'Alger. De la mer, part aujourd'hui la partie européenne de Dellis; le reste est arabe, ce sont des ruelles étroites et d'aspect plutôt misérable que pittoresque.

Après Dellis, rien de bien notable. Nuit d'ailleurs superbe, avec un peu plus de roulis dont la position horizontale suffit à prévenir les conséquences. Au réveil, nous sommes presque à Bougie.

Place de commerce notable sous les Romains, qui la nommaient *Saldœ*, Bougie était au vᵉ siècle une ville épiscopale. Ce fut ensuite, dit-on, la capitale des Vandales jusqu'à la prise de Carthage. Ce fut ensuite la *Bedjaïa* des Arabes, d'où le nom actuel de *Bougie*. Très-commerçante aux xiiᵉ et xiiiᵉ siècles, elle se fit pirate au xivᵉ. Châtiée et prise par les Espagnols au xviᵉ, puis par le pacha d'Alger, et ruinée, elle n'est point encore, aujourd'hui même, relevée de cette chute. Protégée par un amphithéâtre d'assez hautes montagnes, placée dans un site pittoresque et fertile, on peut dire que la réalité chez elle ne répond pas encore aux apparences.

De loin, en mer, j'apercevais au-dessus de Bougie une immense coupole. C'est tout ce qui distingue son église, nouvellement construite sur les ruines d'une mosquée, précédée elle-même par un temple païen. Sur la façade de cette église on a sculpté, comme décoration, les armoiries suivantes : un écu chargé d'un croissant, d'une comète et d'une ruche, et supporté par un singe. Le croissant rappelle la domination arabe ; la comète rappelle la comète de 1858, époque où l'on construisit l'église ; la ruche est sans doute l'emblème, ou de l'activité des colons, ou de la cire dont on fait les bougies, qui doivent leur nom à Bedjaïa : le singe, enfin, exprime ce fait, que les singes abondent aux environs de Bougie.

Disons par avance que Philippeville a pris de son côté, comme armes parlantes, une cigale, en latin *cicada*, l'ancien nom de cette ville, mal compris, nous le verrons tout-à-l'heure, par ses habitants actuels, étant lui-même *Rusicada*.

Les environs de Bougie sont assez riches en ruines romaines : grandes citernes, bassins, cirque, inscriptions, etc. Les tribus qui les habitent sont nombreuses, guerrières, kabyles pour la plupart. On cite, dans l'intérieur des terres, les Beni-Abben, d'origine vandale, qui ont construit une ville où se fabriquent des fusils estimés dans le pays. Quelques-unes de ces tribus ont conservé l'usage de se tatouer en bleu, sur le front, sur les joues, dans la paume de la main, d'une croix semblable à celle que portaient leurs ancêtres, il y a treize ou quatorze siècles, c'est-à-dire lors de l'établissement du christianisme dans l'Afrique occidentale.

A trois ou quatre heures au-delà de Bougie, nous sommes à Djidjelli.

Colonie carthaginoise d'abord, colonie romaine ensuite sous le nom d'*Igilgili*, cette ville fut toujours commerçante. Presque tous ses habitants sont originaires des contrées méridionales de l'Europe. Ce sont en général des Provençaux, des Basques, des Espagnols, des Italiens et des Maltais, et ils ont conservé les habitudes et les mœurs de leur pays. Centre encore aujourd'hui d'un commerce assez actif en laines, cuirs, tissus, bois et grains, Djidjelli deviendra sans doute uns ville des plus prospères, quand elle aura un port et des routes.

Que remarquons-nous au-delà ? Quelques pointes rocailleuses, une baie nommée *Mers-el-Zitoun*, le port des olives, parce que autrefois les marchands de la Méditerranée, les Marseillais en particulier, venaient chercher-là l'huile dont les Kabyles approvisionnaient leurs savonneries ; puis de grandes masses de rochers où l'on vient pêcher le corail ; enfin la petite ville de Collo. D'origine romaine, riche de cire, de céréales, de miel, d'huile, de corail, de cuirs, etc., Collo prospéra du XIIIe au XVIIe siècle, mais il est aujourd'hui presque ruiné par le voisinage de Philippeville. Et cependant Collo possède un bon port et des environs qui, vus de la mer, nous semblent des plus pittoresques et des plus féconds.

Je commençais à me lasser d'étudier ainsi à distance un littoral souvent assez monotone, quand j'appris que nous approchions du terme. Bientôt en effet, nous *stopions* devant Stora, beau village qui n'est qu'à une lieue de Philippeville, et voyant que plusieurs de mes compagnons de route s'y faisaient descendre, je les imitai. Je tenais à visiter les belles citernes romaines sises à mi-côte et qu'alimentait un tunnel trouvé et restauré par notre génie militaire. Le fils d'un colon parisien, vrai gamin de Paris, m'y conduit, me fait admirer à loisir ces immenses réservoirs, puis il m'indique, sur la pente de la montagne, un petit sentier bordé de genets et d'arbousiers, et moins d'une heure après j'étais à Philippeville.

Quand nous fûmes maîtres de Constantine, le maréchal Valée voulut que le commerce de l'intérieur des terres pût trouver sur le littoral un débouché moins éloigné que la ville de Bône, et, par son ordre, le général Négrier vint faire une reconnaissance sur Stora. Bientôt après, en octobre 1838, le maréchal arrivait lui-même et campait avec 4,000 hommes sur des ruines romaines occupées par des Kabyles; il leur achetait cet emplacement cent cinquante francs, et y jetait les fondations du Fort de France, près duquel Philippeville ne devait pas tarder à naître.

Philippeville est donc d'origine toute moderne; et parmi ses neuf ou dix mille habitants, elle ne compte que mille indigènes; le reste est espagnol et surtout anglo-maltais. Mais sur le terrain qu'elle recouvre, s'éleva jadis une ville romaine dédiée à Vénus, *Rusicada*, et ce nom, d'origine phénicienne, *Rus-Cicar*, *Rus-Sadeh*, le cap de la plaine, s'est conservé presque jusqu'à nous dans le *Rus-Skikda* des Arabes. La ville ancienne dut tenir un rang distingué dans la province, à en juger par les débris qu'elle nous a légués. Ce sont, à l'intérieur, un musée installé dans un théâtre romain, monument très-curieux lui-même : des statues, des bustes, des fragments d'architecture, des inscriptions, des médailles et des poteries. Ce sont, au dehors, des tombeaux, des colonnes, des chapiteaux énormes qui appartenaient évidemment à un édifice grandiose, des mosaïques dont l'une décorait probablement la salle de bain d'une villa, et surtout des citernes que l'on rencontre à chaque pas.

A l'époque chrétienne, Rusicada fut une ville épiscopale, et l'on connaît trois de ses évêques : Verulus, qui assista en 260 au concile de Carthage, et dont les schismatiques firent un martyr; Victor, en 305, qui fut accusé et convaincu d'avoir livré aux païens les saintes Écritures; Faustinius, qui se rendit à la conférence de Carthage, où le donatisme fut solennellement condamné.

Tout annonce que la splendeur ou du moins la prospérité commerciale de la ville moderne égalera celle de son aînée. Quels progrès à mes yeux, quels développements, quelle métamorphose, depuis 1844, où je la visitais pour la première fois! Un de nos officiers supérieurs m'y racontait alors qu'une de ses distractions était d'aller se mettre à l'affut, au commencement de la nuit, sur les bords du Saf-Saf, presque aux portes de la ville, et de tuer là quelques hyènes qui ne tardaient pas à rôder autour de lui. Ce n'est pas aujourd'hui que pareil gibier viendrait s'offrir au chasseur si près des portes de Philippeville.

VIII

De Philippeville à Constantine. — Anciens souvenirs. — El-Harrouch. — Le
Smendon. — Pont d'Aumale. — Arrivée à Constantine.

J'allais être bien autrement frappé de la transformation
que vingt années ont pu produire dans notre colonie africaine, en franchissant la distance entre Philippeville et
Constantine. J'y étais arrivé la première fois avec ma
femme, et, par un acte d'obligeance toute spéciale du
maréchal Bugeaud, nous étions considérés comme faisant
partie de l'état-major du lieutenant-général Bedeau, qui
allait à Constantine pour y remplacer le duc d'Aumale
comme gouverneur de la province. Ce fut donc à cheval
et en deux journées et demie, que nous fîmes ce petit
voyage.

Cette fois ce fut du matin au soir, en diligence, et
bientôt, si je devais y retourner, ce serait en chemin
de fer !

Donc, dès le lendemain, après avoir parcouru tout ce
qui reste de l'antique Rusicada, son musée, sa longue
rue Impériale, son église, ses écoles pour les deux sexes
que dirigent des frères de la Doctrine chrétienne et des
sœurs de charité, je montai en diligence. Franchement,
tout le long de la route, que je suivis jusqu'au soir, je ne
me reconnus presque nulle part. Et pourtant c'était là cer-

tainement l'excursion qui m'avait laissé les plus durables
souvenirs. Je l'avais faite dans des conditions si exception-
nelles : société délicieuse et causeries des plus attachantes
de notre excellent général et de ses aides-de-camp; honneurs militaires qui l'attendaient sur tout son passage et
que, modeste et souffrant d'ailleurs de tant de fatigues, de
tant de rudes expéditions, il fit contremander presque
partout; pendant les haltes, récits de campagnes toujours
intéressants des sous-officiers français de notre brillante
escorte de spahis; notre arrivée le premier soir au camp
d'El-Harrouch, au bruit d'une salve d'artillerie; notre
soirée au théâtre du camp, où les zéphirs avaient pré-
paré en l'honneur du général une représentation des
plus divertissantes, et notre sommeil retardé par les cris
des chacals ; notre seconde étape, le lendemain soir, au
camp plus sauvage encore du Smendon, où notre dîner
fut présidé par le chef de bataillon, aujourd'hui maréchal et gouverneur d'Algérie Mac-Mahon..... toutes ces
particularités et bien d'autres m'étaient restées parfaitement présentes ; elles étaient de celles qu'on aime à retenir
et qui ne s'effacent jamais. Il me semblait revoir, quand
j'y songeais, et certains bois sur notre gauche, où souvent
pendant la nuit retentissaient, m'avait-on dit, les rugis-
sements du lion, et la place où, pendant notre retour,
deux chacals s'obstinèrent si longtemps à nous suivre.

De toutes ces impressions, nulle trace pour moi sur
les lieux mêmes, sur ce chemin, étroit alors ou mon-
tueux, élargi maintenant et aplani, où tant de hameaux,
où tant de villages ont surgi comme par enchantement,
où le bois qu'aimaient les lions n'abrite plus sans doute
que des lapins, où les camps d'El-Harrouch et du Smen-

don sont devenus deux centres de population, bien habités,
bien entourés, déjà prospères, avec hôtels, bureaux de
poste et marchés connus dans les alentours pour l'importance de leurs opérations commerciales.

Entre ces deux stations cependant, nous relayâmes dans
un hameau, El-Kantours, et, comme ce point est le plus
élevé de tout le parcours (808 mètres), j'y reconnus parfaitement le panorama très-remarquable que forme là tout
le beau pays qu'on vient de laisser derrière soi, et El-
Harrouch dans le lointain, dominant une riche vallée que
des collines boisées ferment à l'horizon.

Après le Smendon, qui se nomme aussi maintenant
Condé, nous traversâmes un village appelé Bizot, en
mémoire d'un général de génie tué à Sébastopol; puis
un petit hameau, *le Hamma*, situé dans une vallée assez
féconde, grâce à des ruisseaux d'eaux thermales, pour
qu'on y voie croître le palmier. J'y note ce fait, que, d'une
inscription trouvée là, paraît résulter que *le Hamma* portait, sous la domination romaine, le nom d'*Azimacia*,
mot d'origine numide qui devait signifier sources chaudes,
eaux thermales.

Enfin nous traversons une rivière dans le hameau du
Pont-d'Aumale. Cette rivière est le Rummel; et bientôt
se montre à nous, toujours la même, toujours aussi haut
perchée sur une cime d'apparence inaccessible, cette cité
aérienne, ce nid d'aigle si extraordinaire, la ville, en un
mot, de Constantine.

La voilà donc, et comme on aime à la revoir, cette
antique capitale de la Numidie, cette célèbre Cirta, cette
vieille connaissance de nos années d'enfance et de collége,
si brillamment ravivée pour nous par l'un des plus écla-

tants faits d'armes qui aient émerveillé notre jeunesse !
Voilà les hauteurs de Mansoura et de Sidi-Meçid, qui la
dominent, comme elle domine elle-même le gouffre profond qu'une affreuse déchirure, qu'un effroyable cata-
clisme a si largement ouvert entre ces montagnes et le
plateau trapézoïde où elle trône, et au fond duquel le
Rummel se tord, bouillonne, roule et bondit à ses
pieds, de cascade en cascade.

Après une montée en longs zigzags, nous arrivons à
Constantine par le faubourg de Koudiat-Aty, nous fran-
chissons la porte Valée, la place bruyante et animée dite
de la Brèche, et bientôt je vais prendre une chambre dans
mon hôtel d'il y a vingt ans, *Hôtel de l'Orient*.

IX

Constantine. — Sa description. — Promenade autour des remparts. — Le
siége étudié sur place. — Histoire de Constantine.

Constantine est comme le dernier refuge de la couleur
locale que les autres villes algériennes ne s'empressent
que trop d'effacer. Elle est divisée en deux quartiers, le
quartier européen et le quartier arabe, et le contraste
entre l'un et l'autre n'est nulle part aussi tranché. Et pourtant, dans le quartier européen ; outre ce que nous devons
nous attendre à y trouver comme mouvement, comme
constructions françaises, comme places élargies, comme
rues coupées à angle droit, nous rencontrons encore quelques constructions antérieures qui ne manquent pas d'intérêt, ainsi l'église, ainsi le palais d'Ahmed-Bey, ainsi
même jusqu'à un certain point la kasba ; mais· dans le
quartier arabe, c'est-à-dire dans les deux tiers de la ville,
quel cachet ! quelle animation ! On s'accorde à reconnaître
qu'il n'y a pas de ville en Afrique où la population soit
plus laborieuse et plus active. Les Mauresques elles-mêmes
qui, dehors, cheminent encore ici sans doute avec un
·certain air de majestueuse indolence, empaquetées de leur
ample vêtement bleu et sous un voile qui ne nous laisse
voir qu'un de leurs yeux, chez elles du moins, se rendent
utiles : elles travaillent, elles tissent des burnous ou des

gandouras, tissus de laine mélangés de soie et qui par leur finesse ressemblent à de la mousseline. Elles fabriquent encore les *tellis*, sacs en laine à raies de couleurs mélangées dont on fait usage pour les transports, et les *kaïks*, ceux surtout destinés aux classes pauvres.

Une autre industrie de Constantine est la fabrication des ouvrages en peau. Hors de la ville, au-dessus du ravin dont j'ai parlé, on voit une quarantaine d'établissements consacrés à des tanneurs; dans la ville, le commerce des selliers, harnachements du cheval et équipement du cavalier, bottes, portefeuilles, gibernes pour les Kabyles, cartouchières, etc., ne produit pas moins de six cent mille francs par année, et les selliers sont sous ce rapport distancés par les cordonniers. Car ceux-ci, approvisionnant il est vrai tous les indigènes de la province, occupent ici des rues tout entières, et le chiffre de leurs ventes annuelles monte jusqu'à huit à neuf cent mille francs.

Mais ces rues de la Constantine arabe, véritable fourmilière où les rues et les impasses forment un labyrinthe inextricable, sont-elles assez curieuses? Prenons pour exemple la rue où précisément je suis allé me loger, de préférence, la rue Combes. Elle est étroite, très-longue, bordée de petites boutiques où des marchands d'étoffes, des maréchaux-ferrants, des cordonniers, des selliers, des brodeurs et des cafetiers, exercent côte à côte leurs professions diverses. Sur ces boutiques, qui n'ont pas de premier étage, s'ajuste, en passant des unes aux autres et de façon à couvrir et ces boutiques et la rue, un vaste hangar de planches grossièrement jointes, derrière lesquelles le passant distingue, plus ou moins éclairés, marchandises, marchands et acheteurs. Au-delà de ces voûtes singulières, la rue est à ciel ouvert, et vous apercevez des minarets d'une remarquable élégance. Plus loin, dans cette même rue, on a fait une intéressante découverte : en démolissant une masure, on a exhumé un temple grec et devant lui un *tétrastyle*, monument formé de quatre arcades ; puis une mosaïque, deux lions, une tête crénelée (celle de Cirta peut-être), une tête gigantesque de Jupiter, etc.

On trouve, dans les maisons de Constantine comme dans celles d'Alger, une cour entourée de cloîtres, avec des arceaux en fer à cheval supportant un ou plusieurs étages dont les chambres quelquefois font saillie sur la rue, mais sans fenêtres extérieures. Les toitures sont en tuiles, ce que nécessitent ici les pluies souvent torrentielles et la neige. Au-dessus de la porte d'entrée, historiée de clous à grosse tête et d'anneaux, on voit un arc mauresque, dans lequel sont fouillées de gracieuses arabesques ; et plus fréquemment — ce qui m'a paru bien plus rare à Alger, surtout à mon second voyage — une main, préservatif du *mauvais œil*, main sculptée ou peinte en rouge, ou tout simplement imprimée par une main naturelle trempée dans le sang d'un bœuf ou d'un mouton.

Je me demandai même, devant cette bizarre amulette, s'il n'y avait pas là encore une réminiscence biblique, un souvenir de ce sang d'un agneau, emblème du futur Agneau rédempteur, dont les Hébreux, en Egypte, durent maculer les impostes de leurs maisons, pour échapper au glaive de l'ange exterminateur.

Je citais tout à l'heure les débris antiques trouvés dans la rue Combes. J'en vis bien d'autres encore, soit à la mairie, soit ailleurs, et leur énumération m'entraînerait beaucoup trop loin. Je dirai seulement que, si nous en croyons plusieurs inscriptions tumulaires de l'époque romaine, on peut vivre longtemps à Constantine. J'y vois en effet qu'un certain Sabellius mourut à 90 ans, un certain Saturnius à 95, Umbria Matronica à 115 ans, et Julius Pacatus à 120. Je remarque aussi, sans les comprendre, plusieurs inscriptions puniques. J'ajouterai enfin que bon nombre de citernes antiques et un aqueduc romain qui amenait à Constantine une ample provision d'eau font de cette ville une des plus riches au point de vue archéologique. Tous ces souvenirs des temps reculés, exhumés successivement, même au dehors de la ville, ont établi ce fait, que Constantine n'a pas été toujours emprisonnée dans ses remparts actuels, qu'antérieurement à Cirta une ville existait plus étendue que la ville intérieure, bien qu'elle n'en fût, à vrai dire, que l'annexe et le faubourg.

Quant aux monuments plus modernes, ils sont d'un moindre intérêt. Les plus remarquables sont ses mosquées et ses minarets, chose naturelle dans un ville dont la vénération pour les confréries religieuses, profondément antipathiques à notre domination, imprima une si vigoureuse énergie à cette résistance qui nous coûta tant de douloureux sacrifices.

Notre église catholique, ancienne mosquée, pourrait me suggérer des réflexions analogues à celles que m'inspira notre cathédrale d'Alger. L'architecte français a dépensé là peut-être beaucoup d'efforts et de talent pour ne produire qu'un monument hybride. J'y remarque des colonnes de granit autrefois romaines, la chaire, autrefois chaire musulmane, précieux travail de marqueterie, et de jolies arabesques.

L'ancienne kasba est transformée en casernes, arsenal

et hôpital de 1,500 lits. Ce qui m'y a le plus intéressé, ce sont des inscriptions romaines encastrées dans les murs, et dont une, qui est, je crois, contemporaine d'Alexandre Sévère, parle de quatre colonies groupées sous le même gouverneur, et qui étaient Cirta, Rusicada, Mila et Collo.

Ce fut ensuite, au sommet de la kasba, le monument funèbre, dernière demeure des Combes, des Vieux, des Serigny et de leurs frères d'armes, morts sous le feu de l'ennemi, aux expéditions de 1836 et de 1847. Au reste, à Constantine, tout parle et parlera longtemps encore de ce double siége si mémorable; tout, place de Nemours, place Négrier, rue Damrémont, rue Perregaux, rue Combes, rue Hacket, rue du 26ᵉ de ligne, etc., illustrant ainsi à juste titre les principaux officiers et les régiments eux-mêmes qui s'y sont distingués.

Jetons maintenant un regard en passant sur le palais où résida ce féroce Ahmed-Bey, qui, lors de notre seconde expédition, y faisait dévorer par des chiens le ventre de nos soldats prisonniers, cet adversaire indomptable qui, soit ici, soit après sa chute, pendant les onze années qui suivirent, retiré dans les montagnes de l'Aurès, devait lutter encore contre nous avec une si persistante obstination, jusqu'à ce que l'infatigable ardeur du commandant de Saint-Germain le contraignit enfin à lui rendre son épée. Ce palais ne nous arrêtera pas bien longtemps. Construit par le bey peu de temps avant sa déchéance, il n'a vraiment de remarquable que ses trois jardins entourés de galeries et qui en font comme une fraîche oasis au sein de la ville européenne. Sur les parois de ces galeries, on voit, très-naïvement représentés, un combat naval et Stamboul, sans aucun personnage, conformément au Coran qui défend de reproduire la figure humaine. Dans ce palais sont installés aujourd'hui le général commandant la division, l'état-major général, le conseil de guerre etc.

A mon premier voyage, le général Bedeau, très-obligeant continuateur à cet égart du maréchal Bugeaud, avait mis à notre disposition, pour nous servir de guide et de cicérone dans Constantine, un jeune indigène parlant français et récemment engagé dans les spahis, Abdallah-ben-Abedi. Nous l'avions revu à Paris, où il vint tenir garnison avec son régiment, et je devais avoir le plaisir de le retrouver à Constantine maréchal-des-logis ; il voulut encore m'y accompagner et m'y diriger au besoin, et je lui dus en particulier la connaissance d'un tombeau romain découvert hors de la ville en 1755, le tombeau de l'orfèvre Præcilius. C'est un monument fort intéressant, avec caveau, peintures à fresque, mosaïques, sarcophage et inscriptions en vers latins, relatant que le défunt avait vécu cent ans, et que son existence avait été joyeuse avec ses amis, agréable et sainte avec sa femme.

Cette promenade extra-muros nous conduisit à contempler de loin le bel aqueduc romain qui, construit, dit-on par Justinien, versait dans les réservoirs du Koudiat-Ati les eaux de montagnes assez lointaines. J'avais ensuite admiré les chutes magnifiques du Roumel, cascades des plus grandioses, encadrées par des rochers hauts de 300 mètres. Puis, monté sur le point culminant du Meçid, j'avais étudié et compris mieux que jusqu'alors la configuration de Constantine, comme, du plateau de Mansoura qui l'avoisine, j'allais suivre pas à pas les préliminaires du premier siége. « Vous savez, me disait Abdallah, que c'est cette porte

de Constantine et ce pont dit d'El-Kantara, si hardiment
, jeté sur le Rummel, qui ont été le point d'attaque de
1836. Dans la nuit d'octobre qui suivit l'arrivée des Français sur le plateau où nous sommes, une reconnaissance
fut opérée par le capitaine du génie Hacket, dont une de
nos rues porte le nom. La nuit suivante une colonne
précédée des sapeurs du génie chargés de faire sauter la
porte fut lancée sur le pont; le capitaine Hacket fut tué,
et le général Trézel, grièvement blessé, fut obligé de remettre le commandement au colonel Héquel, qui, voyant
que cette attaque serait inutile, la fit cesser. Presque en
même temps le commandant de Richepanse et le capitaine
Grand tombaient frappés à mort devant la porte Ed-Djabia
qu'on avait également essayé de faire sauter. Le lendemain
l'armée battait en retraite, admirablement dirigée en avant
par le maréchal Clauzel, et protégée en arrière par le commandant Changarnier, dont le sang-froid à toute épreuve
dans cette grave circonstance devait être un des principaux
titres de gloire. »

Dans cette curieuse excursion autour des remparts de
Constantine, s'était ensuite offerte à nous une roche plane
portant une inscription latine du iiie siècle, et qui se rattache
au martyre des saints Marius, Jacob et leurs compagnons,
humbles jardiniers torturés à Cirta et quelques jours après
exécutés à Lambessa.

A quelques pas de cette inscription, signalons, pour
mémoire, une source thermale cachée sous une voûte
naturelle et dans laquelle les indigènes viennent se
baigner; puis levons les yeux vers l'extrême pointe
du rocher qui porte Constantine, et nous frémirons à
l'idée que c'était de là qu'avant notre arrivée on pré-

cipitait les femmes adultères dans les eaux du Rummel.

Quelques pas encore, et nous serons devant la porte Valée, par laquelle nous sommes arrivés, et nous traverserons Koudiat-Aty, redevenu faubourg de grande ville, avec auberges, maisons de roulage, badauds même groupés autour d'un prétendu charmeur de serpents, et marché aux grains où l'agriculture, qui fut de tout temps la principale richesse de la Numidie, amène un courant annuel de neuf ou dix millions. Enfin, pour terminer dignement notre exploration circulaire, nous saluerons en passant la pyramide élevée en l'honneur du général Damrémont dans le lieu même où il fut tué, et nous irons nous asseoir sur la colline dont les pentes légèrement inclinées regardent la ville de ce côté. De ce point spécial, nous avions la ville devant nous, telle que la trouva l'armée française à sa seconde attaque, telle que nos boulets l'entamèrent, telle que nos colonnes d'assaut l'escaladèrent. Nous évoquerons nos souvenirs, et bientôt les émouvantes péripéties du siége se reproduiront d'elles-mêmes devant nos regards.

En 1836, la province de Constantine était loin encore d'être soumise. Fièrement retranché comme un vautour dans son aire, derrière les robustes murailles que nous voyons et le ravin infranchissable de cette presqu'île aérienne, Ahmed-Bey ne cessait de fomenter et de déchaîner contre nous les haines nationales et les attaques des tribus environnantes. Il était temps d'aller éteindre cet incendie sans cesse renaissant sous les ruines de son foyer. Le siége et l'occupation de Constantine furent résolus. Hélas ! on avait trop compté sur l'irrésistible élan de nos troupes, et trop peu sur les obstacles matériels dont il nous

faudrait triompher. Les munitions nous manquèrent, et
cette première expédition, bien que dirigée par le maréchal Clauzel et le duc de Nemours en personne, échoua
fatalement. Il fallut se replier sur Bône, qui avait été
notre point de départ, et sans le courage et l'habileté du
brave commandant Changarnier, notre arrière-garde, constamment harcelée par l'ennemi, aurait pu être sérieuse-
ment compromise.

Un an après, en octobre 1837, nouvelle expédition. Cette
fois, les généraux Damrémont, commandant en chef, de
Nemours, Valée et Perregaux, marchent à la tête du corps
d'armée; tout un matériel de siége l'accompagne.

On arrive sous les murs de Constantine le 6 octobre.

Les jours suivants, on installe les batteries, on ouvre
le feu, et dès le 12, on reconnaît que, dans peu
d'heures, la brèche, béante depuis la veille, va devenir praticable. A cette nouvelle, le général Damrémont
monte à cheval, se rend à la batterie principale, met pied
à terre un peu en arrière des ouvrages, et s'avançant
sur un terrain trop découvert, se met à étudier la brèche.
Le général Rulhière, voyant le danger, court à lui,
l'engage à se retirer : « Laissez! laissez! » lui répond-
il, et au même instant un boulet parti de la ville le
renverse sans vie. Le général Perregaux s'élance pour
le retenir dans sa chute; mais une balle le frappe lui-
même entre les yeux, et il tombe aussi mortellement
blessé.

Instruit du coup fatal qui prive l'armée de son chef,
le général Valée, auquel le commandement revenait de
droit, ne songe plus qu'à une glorieuse vengeance, et ses
sentiments sont ceux de toute l'armée. Bientôt nos pièces

continuent à démanteler la place et à préparer la voie pour les colonnes d'assaut.

Le lendemain, à sept heures du matin, l'intrépide colonel Lamoricière s'élance à la tête de ses zouaves, et malgré une grêle de balles, il ne tarde pas à gravir le rempart où, comme nous l'avons dit, le capitaine Garderens va arborer le drapeau français. Mais que d'obstacles encore à vaincre avant d'arriver au cœur de la ville! Tous les passages sont fermés devant nous, toutes les portes sont obstruées, et les décombres même, amoncelés par nos boulets, forment une barricade de plus que nos sapeurs ont peine à déblayer. En même temps, de tous les toits, de toutes les fenêtres, les balles pleuvent sur nos combattants, que rien ne décourage, que rien n'arrête, ni la chute d'une muraille qui en écrase un certain nombre, ni l'explosion terrible d'un magasin à poudre dont les éclats embrasés criblent de contusions et de brûlures le colonel Lamoricière et le mettent pour un certain temps hors de combat. Plus maltraité que lui, le colonel Combes du 47e de ligne, qui, suivi de la seconde colonne, commence à pénétrer dans la ville, se sent blessé à mort, mais il trouve encore assez de force pour s'assurer du succès et aller l'annoncer au duc de Nemours. « Heureux, lui dit-il, ceux qui ne sont pas blessés mortellement, ils vont jouir du triomphe! » puis il chancelle, s'affaisse, et le surlendemain il n'était plus.

Enfin, devant l'ardeur de nos troupes, la défense finit par mollir, le bey Ahmed prend la fuite, la fusillade s'éteint presque partout, les autorités se soumettent, nos chefs prennent possession des principaux édifices, nos soldats se répandent dans Constantine. Et cependant seule la kasba n'a point ouvert ses portes, et les Arabes s'y battent à outrance, stimulés par la présence de toute une partie de là population et de leurs familles réfugiées là, et par la conviction qu'on a pris soin de leur inculquer que les Français sont des anthropophages qui vont dévorer leurs enfants. Enfin, le général Rülhières parvient à triompher de cette dernière et suprême résistance, les portes sont forcées, nos soldats se précipitent ; mais quel horrible spectacle s'offre à leurs yeux ! Les vieillards, les femmes et leurs enfants, affolés de terreur et de désespoir, ont voulu fuir par le ravin, par ce profond abîme que surplombent les murs à pic de la kasba ; mais les cordes qui supportaient ces grappes humaines se sont rompues, et dans le lit du ravin on aperçoit une multitude d'hommes, de femmes, d'enfants, mutilés, écrasés, entassés les uns sur les autres et se débattant dans les angoisses d'une affreuse agonie !

Voilà les horreurs de la guerre, voilà ces taches de sang et de larmes qui, si brillant que puisse être, au point de vue de la gloire militaire, le tableau d'une victoire, ne manquent jamais d'en assombrir les couleurs pour le philosophe et le chrétien.

Et cette malheureuse Constantine fut, si nous en croyons la tradition, assiégée et conquise quatre-vingts fois ! La première mention qui en soit faite remonte à l'histoire des Numides, qui l'appelèrent *Cirta*, mot qui, dans leur langue, signifiait rocher. Syphax l'avait choisie pour capitale ; elle fut, après lui, celle de Massinissa, de Micipsa, d'Adherbal, de Juba le jeune. Elle renfermait alors des palais magnifiques, et, sur l'invitation du roi Micipsa, une colonie grecque était venue s'y établir et y avait apporté les arts industriels de la Grèce. Chef-lieu de la province romaine de Numidie, elle était devenue l'aboutissant des routes importantes qui rayonnaient à l'entour; c'est de cette position centrale que Métellus et Marius dirigèrent avec tant de succès leurs mouvements militaires contre Jugurtha.

Ruinée en 311, dans la guerre de Maxime contre Alexandre qui s'était fait proclamer empereur en Afrique, elle fut rétablie et embellie sous Flavius-Constantin en 313, et c'est alors qu'elle échangea son nom de Cirta contre celui de Constantine.

Quand les Vandales, au cinquième siècle, envahirent la Numidie et les trois Mauritanies, ravageant tout sur leur passage, détruisant toutes les villes les plus florissantes, Constantine résista. Même résistance, suivant toute apparence du moins, devant la conquête musulmane; mais plus tard les diverses dynasties arabes se la disputèrent, et alors nous la voyons prise et reprise, tantôt dépendant de Tunis, tantôt tributaire de Bougie, etc. Elle est république pendant toute la durée du quinzième siècle; mais ensuite, déchue, appauvrie, elle accepte la domination de Kheir-ed-din, et devenue le chef-lieu de la province de l'Est, elle est administrée par un bey nommé par le dey ou pacha d'Alger qui a le droit de le révoquer [1]. Nous savons que le dernier

---

[1] Ajoutons même, le droit de le faire mettre à mort, droit contre l'exercice duquel le bey avait, dit-on, une ressource singulière. La famille des Ben-Lefgoun étant devenue sous les Turcs dépositaire de l'autorité religieuse, à Constantine, leur maison, rue Fontanilhes, nº 4, fut considérée comme inviolable et sacrée, ainsi que l'étaient nos églises au moyen âge. La tradition rapporte qu'un bey, s'y étant réfugié, en sortit sain et sauf au bout de trois mois, quand le ressentiment du pacha d'Alger, qui voulait sa mort, se fut apaisé,

de ces beys fut Hadj-Ahmed, dépossédé par nous.

Je me suis attardé à Constantine, et maintenant voici que le temps me presse, le temps toujours si rapide, mais plus rapide, ce semble, en Algérie que partout ailleurs. Il faut que je me décide au retour. Je ne puis songer à voir ni les ruines romaines de Lambèse et de Tebessa, ni les oasis de Tougourt et de Biskra, ni les forêts de cèdres de Batna. Mais je verrai du moins Bône, Hippone : ce sera dignement finir ma promenade en Algérie. Adieu donc, ma vieille Cirta! Dois-je te dire cette fois encore : A revoir?

et que, depuis lors, quand un bey tombait en disgrâce, le pacha avait soin de faire garder la porte des Ben-Lefgoun, de peur que le malheureux bey n'en franchît le seuil.

X

De Constantine à Bône par Jemmapes. — Le lac Fetzara. — L'usine de l'Alélik. — Histoire et description de Bône. — Trait de bravoure de Yousouf. — Hippone et ses souvenirs. — Départ pour la France.

La diligence qui n'emportait vers Philippeville, ou plutôt vers Saint-Charles, à seize kilomètres en deçà, eut bientôt dérobé Constantine à mes regards. J'arrivai à Saint-Charles vers la fin de l'après-midi, Saint-Charles, petit village, où je ne m'arrêtais qu'avec le vif désir de n'y pas séjourner et où je dus attendre jusqu'au lendemain matin la diligence qui devait m'emmener à Jemmapes.

Entre Saint-Charles et Jemmapes inclusivement, rien de remarquable. Jemmapes, colonie agricole de 1848, se donne cependant tous les airs d'une petite ville, et je lui sus gré du peu de temps qu'il m'y fallut pour en repartir. En route, la nuit, avancée par un temps sombre et pluvieux, nous prit de bonne heure. J'observai bien alors que nous longions un lac, j'aperçus bien tout ce qui annonce le voisinage d'une importante usine métallurgique ; je sus le lendemain seulement que le premier était le lac Fetzara, et que la seconde était l'usine de l'Alélik.

Le lac Fetzara, dont la superficie est de dix à douze lieues carrées et la profondeur moyenne de deux mètres,

paraît-être le résultat d'un affaissement de terrain produit lui-même par un tremblement de terre, et cela pendant la période arabe. En 1857, on a découvert, sous
ses eaux, des ruines considérables, celles peut-être d'une
station romaine, vainement cherchée aux alentours.

Quant à l'usine, elle produit annuellement de deux
mille à deux mille cinq cents tonnes de fonte, laquelle
pour la fabrication des aciers serait supérieure aux fontes
françaises.

Un beau soleil m'éveilla de bon matin à Bône dans la
chambre élégamment meublée d'un hôtel confortable; puis,
comme c'était dimanche, j'allais à la messe dans l'église
la plus rapprochée. C'était la plus considérable des deux
églises de Bône, et c'est en même temps une des plus belles
de l'Algérie; son style est gréco-bizantin. L'autre, plus
modeste, est une ancienne mosquée. Enfin, aussitôt après
mon déjeuner, je pris une voiture pour visiter la ville
et ses environs.

Bône est une jolie ville, bien que ses rues modernes,
ses places et ses boutiques éminemment françaises en aient
sensiblement altéré la physionomie originale.

Elle est élevée, suivant quelques-uns, sur l'*Aphrodisium*
des anciens, et son nom arabe, *Annaba*, ville aux jujubes,
lui vient de la grande abondance des jujubiers qui l'en-
touraient encore au xvie siècle.

Elle marqua dans l'histoire par de nombreuses guerres.
Passons ces pages sanglantes, et disons un mot de ses
relations commerciales. Les Pisans, les Florentins, les
Génois y portaient les produits de leur sol et surtout leur
industrie, et les échangeaient là contre des chevaux et des
laines. Les Catalans, quand le blé manquait en Europe,

allaient en acheter à Bône, et, dès 1446, un négociant de Barcelone s'y fit allouer la pêche du corail. Enfin, en 1220, les Marseillais venaient y chercher des cuirs et de laines, et entamaient ainsi des relations auxquelles la France dut plus tard ses établissements en Afrique.

Au commencement du XVIe siècle Bône relevait encore de Tunis ; mais elle n'allait pas tarder à devenir turque sous Kheïr-ed-din, puis génoise quand Charles V prit Tunis, puis de nouveau tunisienne et enfin turque jusqu'à nos jours. Dès le 2 août 1830, le général Damrémont y arborait le drapeau de la France, qu'après une évacuation momentanée, suite des hésitations du gouvernement de juillet, elle reprenait en septembre 1831 pour ne plus la quitter. Il s'y passa même, au mois de mars suivant, un beau fait d'armes, l'un de ceux qui illustrèrent Yousouf, et je vais le relater d'autant plus volontiers que dans mon résumé de nos campagnes en Algérie j'ai dit peu de chose de ce Murat de nos armées d'Afrique, dont les grades, conquis un à un sur nos champs de bataille, devaient l'élever successivement jusqu'à celui de général de division.

Yousouf, originaire de l'île d'Elbe, avait été, encore enfant, enlevé par des corsaires tunisiens, et le bey de Tunis lui avait fait donner sous ses yeux une éducation toute guerrière. Cependant, à propos d'une intrigue avec une des femmes du palais, voilà Yousouf menacé de perdre la vie, s'échappant de Tunis, venant demander à M. de Bourmont, lors du débarquement, l'honneur de servir dans notre armée, et bientôt se distinguant entre tous par son intelligence et sa bravoure.

Maintenant revenons à notre point de départ.

Bône avait donc été, à la suite de la révolution de 1830,

évacuée comme le fut Oran, comme le furent Médéa, Blida et d'autres points qu'il nous fallut reconquérir plus tard, et Bône, que le bey de Constantine Ahmed avait pillée et dévastée, nous avait r'ouvert ses portes, et était administrée par Ibrahim-Bey, notre allié, qui en occupait la kasba. Mais Ben-Aïssa, lieutenant d'Ahmed, menaçait de reprendre la ville, et Ibrahim nous appelait à son aide. En attendant qu'on pût répondre à son appel, le capitaine d'artillerie d'Armandy et Yousouf, devenu capitaine de cavaliers indigènes, avaient été chargés de l'aider de leurs conseils et de leurs concours. Mais quand ils arrivèrent, Ibrahim, désespérant de se voir secouru, venait de sortir furtivement de la citadelle. D'Armandy et Yousouf forment alors le hardi projet de s'y introduire de nuit avec une trentaine de nos marins. Ils réussissent pendant plusieurs jours; cette petite garnison hybride et d'une fidélité assez douteuse leur obéit. Mais bientôt, ne se voyant pas toujours soutenus, les indigènes se découragent à leur tour, se mutinent et complotent la mort de leurs chefs. Yousouf, instruit de ce qui se trame, fait monter à cheval les principaux meneurs et leur annonce qu'il va faire avec eux une sortie contre Ben-Aïssa. On abaisse le pont-levis, et dès qu'il l'a franchi, se tournant vers ses hommes la tête haute et le visage calme, « Vous avez résolu de me tuer, leur dit-il, eh bien, voici le moment, frappez, je vous attends. » Ce sang-froid leur impose, ils hésitent. Profitant de leur trouble, « Eh quoi! Jacoub, toi le grand meneur, tu restes immobile? tu ne donnes pas le signal? En ce cas c'est moi qui vais commencer. » Et d'un coup de pistolet il lui brise le crâne. L'un des conjurés porte la main à la poignée de son sabre; mais Yousouf le prévient, lui plonge son yatagan dans le cœur. « Et maintenant, à l'ennemi ! » s'écrie-t-il. Stupéfait d'une pareille audace, ses cavaliers s'élancent sur ses pas, font à ses côtés des prodiges de valeur, et deux heures après, Yousouf rentrait chargé de dépouilles et recevait les étreintes fraternelles du capitaine d'Armandy.

On conçoit que je tenais à voir la kasba. Construite au XIVᵉ siècle par les sultans de Tunis, à quatre-cents mètres de Bône et sur une colline haute de cinq-cents mètres, la kasba commande la ville qu'elle couvre entièrement d'un côté. Son intérieur est vaste. ses murs sont élevés. On y a fait de nombreuses réparations depuis l'affreuse explosion du 30 janvier 1837. L'imprudence d'un artilleur fit alors sauter le magasin à poudre ; deux cents hommes furent tués, cinq cents blessés ; les deux chambres du commandant emportées, sa femme et lui perdus dans les décombres.

La principale place de Bône, la place d'armes, est plantée d'arbres formant un quinconce au milieu duquel un joli jardin circulaire entoure une fontaine. La mosquée borde un côté de cette place, les trois autres sont occupés par des maisons à arcades. Quelques autres places sont également plantées, indépendamment des cours Napoléon dont les deux extrémités sont fermées par l'église et le théâtre. La *pépinière* est encore une promenade assez fréquentée.

Il y a à Bône un certain nombre d'établissements d'instruction ou de bienfaisance : des écoles primaires, une maîtrise où l'on prépare les enfants pour le petit séminaire d'Alger, un pensionnat et des écoles pour les jeunes filles tenus par les sœurs de Saint-Vincent de Paul; enfin, près de Bône, à l'Edough, un orphelinat de jeunes filles semblable à celui de Misserghin, non loin d'Oran, etc.

Je ne dis rien des maisons mauresques de Bône, ni de ses rues tortueuses et de ses boutiques primitives. Tous ces vieux souvenirs diminuent ici de jour en jour et n'ont rien d'ailleurs de spécial. Je dirai seulement que parmi les rues modernes je fus frappé et satisfait en même temps de rencontrer la rue de Saint Augustin. Cet hommage, renouvelé d'ailleurs à quelque distance de Bône par un petit village qui porte aussi le nom de ce grand évêque, était bien dû à ce génie extraordinaire, à cet infatigable docteur, qui en quarante années, dota l'Eglise de plus d'onze cents ouvrages, et qui fut, on peut le dire, et le plus savant tout à la fois et le plus humble des chrétiens, comme il fut le plus éloquent et le plus doux des hommes, le plus tendre et le plus zélé des pasteurs qui administraient alors les trois cents diocèses de l'Eglise d'Afrique, comme il fut, en un mot, le modèle de l'évêque parfait dont saint Paul trace le caractère.

Hippone n'est qu'à deux kilomètres de Bône, et le chemin qui y mène, route de Constantine, traverse une contrée délicieuse, comme l'est au reste la banlieue de Bône, que l'on pourrait nommer le jardin de l'Algérie.

Hippone, l'ancien *Ubbo*, colonie marchande de Carthage, reçut des Romains le nom d'*Hippo regius*, en raison de ce que le roi des Massésyliens ou des Numides, attiré par la beauté du pays et la douceur du climat, venait camper près de là une partie de l'année. Aux IIIe et IVe siècles, Hippone était avec Carthage le plus opulent marché de l'Afrique romaine. C'est à cette époque que les habitants, enrichis par le commerce, créèrent ces monuments magnifiques, ces acqueducs gigantesques, ces immenses réservoirs, ces grandes voies de communication, dont les débris nous étonnent aujourd'hui. Alors aussi

Hippone eut pour évêque saint Augustin, et elle le pos-
séda pendant trente-cinq ans, ce fut l'apogée de sa gloire.
Les Vandales avaient envahi l'Afrique, et bientôt tout n'y
fut plus que ruines et désolation. Enfin Carthage, Cirta et
Hippone survécurent seules, et Hippone, où s'étaient réfugiés une foule de religieux, de prêtres, d'évêques même,
finit par être assiégée à son tour. Ses habitants se défen-
dirent avec un rare courage, et saint Augustin fut témoin
de cette affreuse lutte. Malgré ses soixante-seize ans, il
était sain de corps et d'esprit. Ni la vue, ni l'ouïe, ni aucune de ses facultés n'avaient faibli ; mais son cœur de
père saignait chaque jour, et sa vie s'épuisait ainsi goutte
à goutte. Les yeux tournés vers le ciel où sa mère l'attendait depuis quarante-deux ans, vers ce Dieu d'amour à la
possession duquel il aspirait si chaleureusement, il répétait
à son entourage ce qui depuis sa conversion avait toujours été sa devise : « Vivons ici-bas en apprentissage
de cette vie immortelle, où toute notre occupation sera
d'aimer. » Il s'éteignit pendant le siége, le 20 août 430.
Dieu lui épargna les horreurs de l'assaut et de la vengeance des barbares qui, irrités d'une résistance de quatorze mois, réduisirent la ville en cendres. La cathédrale
fut seule respectée, et, par une providence particulière,
la bibliothèque et les manuscrits du savant prélat, qu'il
avait légués à son Eglise, furent épargnés par les flammes.

Reprise en 534 par Bélisaire, Hippone tomba en 697
au pouvoir des Arabes, qui achevèrent l'œuvre de des-
truction commencée par les Vandales.

Aujourd'hui, sur l'emplacement qu'occupait la ville,
on trouve de nombreux vestiges d'antiquités, dés pans
de murs rougeâtres, d'énormes fragments de maçonne-

rie ; on trouve plusieurs grands réservoirs et un aqueduc qui, prenant naissance sur les pentes du mont
Edough, conduisait à Hippone les eaux de la montagne.

Mais, un peu plus haut que ces citernes, sur un ma-
melon planté d'arbres, sur un socle de marbre blanc,
surgit aujourd'hui la statue en bronze du saint évêque.
De ce point, la vue de Bône, de l'Edough, de la mer,
est magnifique, et pourtant, plus encore que ce beau
spectacle, la vue des ruines éparses au-dessous de vous
appellent et enchaînent vos regards, et il vous semble
qu'une grande ombre plane sur cette contrée, et qu'avec
elle vous vous élevez vous-même vers ces hauteurs
sublimes, vers ces magnificences du ciel que le grand
docteur avait si bien pressenties, vers cette vie immortelle enfin, « en l'apprentissage de laquelle nous devons
vivre ici-bas et où toute notre occupation sera d'aimer. »

Le lendemain je partais pour la France à bord du
paquebot des messageries impériales *le Gange*, allant de
Tunis à Marseille. Je venais de quitter Bône sans avoir
pu visiter le mont Edough et ses belles forêts de chênes-
liéges. Mais j'avais vu les ruines d'Hippone, et ce bonheur était plus que suffisant à me consoler de cette
lacune, et puis, tandis que fuyaient loin de moi les
rivages de l'Algérie, je me disais d'elle ce que l'on a dit
de l'Italie : Bien peu digne serait d'y être venu, celui
qui s'en éloignerait sans emporter le désir de la revoir!

TABLE

PREMIÈRE PARTIE

De Paris à Alger

TABLE 165

DEUXIÈME PARTIE

Alger et ses environs

— LILLE, TYP. J. LEFORT, MDCCCLXVIII —

A LA MÊME LIBRAIRIE

Volumes grand in-8° à 4 fr.

AYMAR; par Marie Emery.

FASTES (les) MILITAIRES DE LA FRANCE; par A. S. de Doncourt.

ITINÉRAIRE DE PARIS A JÉRUSALEM; par Chateaubriand; édition revue par M. de Cadoudal.

MARTYRS (les); par Chateaubriand; édit. revue par le même.

RÉCITS DU FOYER; par Mme Bourdon.

RÉCITS D'UN BON ONCLE sur l'Europe, l'Asie, l'Afrique, l'Amérique, et l'Océanie, imités de l'anglais par Mme de Montanclos; ornés de 25 *vignettes*.

SOUVENIRS D'HISTOIRE et de littérature; par M. Poujoulat.

UNE VISITE A CHACUN; par A. E. de l'Etoile.

in-8° (de 600 pages environ.) à 4 fr. 50.

CATÉCHISME (le) en exemples.

CHATEAU (le) DE BOIS-LE-BRUN, et Laure de Cernan, suite du *Château de Bois-le-Brun;* par S. Bigot.

HISTOIRE DE LA VIE DE N.-S. JÉSUS-CHRIST; par le P. de Ligny; suivie d'un précis des Actes des apôtres.

SOUVENIRS DE VOYAGE : la Suisse, le Piémont, Rome, Naples, toute l'Italie; par Mme la comtesse de la Grandville.

TRIOMPHE (le) DE L'ÉVANGILE; traduit de l'espagnol, par Buynand des Echelles.

in-8° à 2 fr. 50.

AUVERGNE (MGR) : ses voyages au mont Liban, au Sinaï, Rome, etc.

CHATEAU (le) DE BOIS-LE-BRUN; par S. Bigot.

CHINE (la) ET LA COCHINCHINE; par J. E. Roy.

CHRISTIANISME (le) AU JAPON; par M. le comte de Lambel.

CONSTANTINOPLE, depuis Constantin jusqu'à nos jours; par M. de Montrond.

DIEU, le Christ, son Église, ses Sacrements; par M. l'abbé Petit.

DORSIGNY (les), ou Deux Educations; par S. Bigot.

ÉTUDES ET PORTRAITS; par M. Poujoulat.

FLEURS DES MARTYRS au XIXe siècle; Chine et Cochinchine; par A. S. de Doncourt.

GERBERT, archevêque de Reims, pape sous le nom de Sylvestre II; sa vie et ses écrits; par M. l'abbé Loupot.

LACORDAIRE (le P.); par M. de Montrond.

LAURE DE CERNAN; par l'auteur du *Château de Bois-le-Brun.*

MUSICIENS (les) LES PLUS CÉLÈBRES; par M. de Montrond.

NAPLES : histoire, monuments, beaux-arts, littérature. L. L. F.

POÈTES LES PLUS CÉLÈBRES : français, italiens, anglais, espagnols.

PRÉLATS (les) les plus illustres de la France; par M. de Montrond.

SAINT AMBROISE; sa vie et extraits de ses écrits.

SAINT ATHANASE; sa vie et extraits de ses écrits.

SAINT AUGUSTIN; sa vie et extraits de ses écrits.

SAINT BASILE; sa vie et extraits de ses écrits.

SAINT BERNARD; sa vie et extraits de ses écrits.

SAINT CYPRIEN; sa vie et extraits de ses écrits.

SAINT GRÉGOIRE DE NAZIANZE; sa vie et extraits de ses écrits.

SAINT JEAN CHRYSOSTOME; sa vie et extraits de ses écrits.

SAINT LAURENT, diacre et martyr, par M. l'abbé Labosse. 4 *grav.*

SAINT MARTIN, évêque de Tours; par M. de Montrond.

SAVANTS (les) LES PLUS CÉLÈBRES; par le même.

SICILE (la) : souvenirs, récits et légendes; par M. l'abbé V. Postel.

SYRIE (la) en 1860 et 1861 : massacres du Liban et de Damas, et expédition française; par M. l'abbé Jobin.

VARIÉTÉS LITTÉRAIRES; par M. Poujoulat.

VENDEVILLE (Mgr), évêque de Tournai; par le R. P. Possoz.

WISEMAN (le cardinal) : étude biographique; par M. de Montrond.

www.ingramcontent.com/pod-product-compliance
Lightning Source LLC
Chambersburg PA
CBHW060430090426
42733CB00011B/2215